Wanderungen in
DEUTSCHLAND

DER HARZ

Wanderungen in
DEUTSCHLAND

MANFRED KITTEL

DER HARZ

Im geheimnisvollen Reich von Brocken und Kyffhäuser

Berg

Bildnachweis: H. Dressler: S. 2, 6/7, 65, 73, 92. Fremdenverkehrsamt Hahnenklee: S. 28. R. Goedeke: S. 38. Harzer Verkehrsband: S. 12/13. Kurverwaltung Hohegeiß: S. 9. B. Pollmann: S. 35, 59, 69. R. Radecke: S. 11. U. Sauthoff: S. 16, 19, 46, 52, 53, 56, 81, 127. R. Scholze: S. 22, 42, 43, 63, 123. W. Straßer: S. 108, 112, 116.
Alle übrigen Aufnahmen stammen vom Autor.

Titelbild: Blick von der Roßtrappe ins enge Bodetal. Foto: E. Wrba.

Rückenbild: Auf dem Gipfel des Brocken. Foto: H. Dressler.

Abbildung Seite 2: Die Harzquerbahn verkehrt seit 1899 zwischen Wernigerode und Nordhausen.

Umschlaggestaltung: Wolfgang Lauter, München.

Kartenskizzen: 4M GmbH, Gräfelfing bei München.

ISBN 3-7634-1120-8

Redaktion: Anette Köhler, Verlag J. Berg, München
Satz und Layout: AVAK Publikationsdesign, München
Druck und Bindung: Uhl, Radolfzell

Inhalt

Mit 1142 Meter Höhe ist der Brocken der höchste Berg Norddeutschlands. Auf diesem sagenhaften Schauplatz der Walpurgisnacht finden sich heute neben Wetterwarte und Fernsehturm auch mehrere Imbißstuben, ein Aussichtsturm und das Brockenmuseum (vgl. auch Tour 14).

Vorwort

Eine der „Dicken Tannen“, eine einmalige Ansammlung von Riesentannen, die man bei Hohegeiß besichtigen kann.

Dramatisch steigt der Harz aus dem norddeutschen Tiefland zum sagenumwobenen, 1142 Meter hohen Brocken auf, wo in der Walpurgisnacht die Mächte der Unterwelt ihr Unwesen treiben. Heinrich Heine und natürlich auch Goethe haben das dunkle Waldgebirge gepriesen. Der Erzbergbau hat tiefe Wunden in seine Eingeweide geschlagen. Uralt ist die Besiedlungsgeschichte, und zauberhafte, idyllische, altertümliche Dörfer und Städte zeugen von einer ereignisreichen Vergangenheit.
Heute ist die wiedervereinigte Region Freizeiteldorado und Erholungsgebiet zu allen Jahreszeiten. In ihr kann man mit nostalgischen Dampfzügen reisen, alle Arten von Sport treiben und vor allem auf hunderten von reizvollen Wegen Kilometer um Kilometer wandern. Wunder der Natur sind die Ziele: Felsklippen, Höhlen, Wasserfälle, Talsperren und romantische Flußtäler. Stattliche Burgen und Schlösser, uralte Kirchen und die vielfältigsten Kulturdenkmale, Museen und technische Schaudenkmäler aus der Bergwerkszeit stehen im Wettbewerb mit einer vielgestaltigen Landschaft, in der Sagen und Legenden Wirklichkeit zu sein scheinen.
Die 30 ausgewählten Wanderungen führen zu den schönsten kulturellen und landschaftlichen Sehenswürdigkeiten des Harzes und wollen anregen, eine der ältesten Landschaften Deutschlands kennenzulernen und all die Wunder zu entdecken, die sie dem bietet, der offenen Sinnes durch die Natur geht.
Der Harz bietet jedem Besucher mehr als genug: eine Märchen- und Sagenwelt dem Romantiker, dem Kulturreisenden Denkmäler aus der Wiege der Nation, dem Geologen Einblick in das Erdgeschehen und dem Naturfreund eine einzigartige Tier- und Pflanzenwelt und eine Landschaft, deren gestaltende Kräfte seit altersher im Wettstreit stehen mit den prägenden Einflüssen des Menschen.

Manfred Kittel, im Frühjahr 1993

Wandern im Harz

Ein dichtes Netz von gut instandgehaltenen Wegen macht das Wandern im Harz zum echten Familienvergnügen.

Fremdenverkehr und Naherholung haben sich in den letzten Jahrzehnten durch die Teilung des Harzgebirges in einen bundesdeutschen und in einen DDR-Teil unterschiedlich entwickelt. Der traditionelle Harzclub, der seit dem vorigen Jahrhundert besteht und für die Erschließung der Wanderwege verantwortlich zeichnet, war in beiden Teilen Deutschlands tätig und aktiv, doch auf verschiedene Weise. Die Grenzlinie geht mitten durch den Harz. Der Oberharz war überwiegend bundesdeutsches Gebiet, der Unterharz DDR-Land. Für den gesamten Harz gilt, daß es ein dichtes Wanderwegenetz gibt und die Wege gut instandgehalten sind. Im Bereich der alten Bundesländer sind die Wege aber schlecht markiert, dafür gut beschildert, d. h. an den meisten Schlüsselstellen und Abzweigungen sind Tafeln angebracht, welche über die verschiedenen Wanderziele informieren. Weitaus besser markiert, also durchgängig mit Markierungszeichen versehen, ist der östliche Teil, dafür sind die Straßenverhältnisse noch schlecht, während die Straßen im westlichen Teil des Harzes fast durchwegs als Schnellstraßen ausgebaut sind. Beim Wandern fällt manchmal allerdings auf, daß die an den Wegweisern angeführten Entfernungsangaben nicht immer mit der Wirklichkeit übereinstimmen. Ein kritischer Blick in die Karte erspart so manche Enttäuschung!
Für das Gebiet des Harzes gibt es eine Fülle von regionalen und überregionalen Wanderkarten, aber keine wirklich brauchbare, in der neben wichtigen Angaben wie Höhenlinien auch alle Wanderziele mit den entsprechenden Markierungen eingetragen wären. Eine Gesamtwanderkarte im Maßstab 1:100 000, wie sie der Touristverlag herausgibt, ist für das Wandern unbrauchbar. Sie kann nur der allgemeinen Orientierung dienen.

Die Auto- und Wanderkarte „Der ganze Harz“ aus dem Kommunalverlag Hans Tacken enthält längst nicht alle wichtigen Wanderrouten und läßt auch viele für die Orientierung unerläß-

Der Zankwieser Teich ist einer der 66 Teiche in der Umgebung von Clausthal-Zellerfeld, deren Wasserkraft einst für den Bergbau genutzt wurde.

liche Angaben vermissen. Außerdem sind die Randgebiete des Harzes nicht mit erfaßt. Topographische Karten, wie sie in der ehemaligen DDR herausgegeben wurden und im Maßstab 1:25 000 ausreichende Informationen geben könnten, sind völlig unbrauchbar und irreführend gestaltet. Gut sind die topographischen Karten der Landesvermessungsämter Hessens und Niedersachsens, aber beim früher Meßtischblätter ge-

nannten Kartenmaterial sind eben keine Markierungen und Wanderwege eingetragen. Das Wanderwegenetz des Harzes und seiner Vorberge ist viele 1000 Kilometer lang und bietet viele hundert Rund- und Streckenwanderungen an. Es wurde versucht, flächendeckend eine Auswahl der schönsten zu ermitteln und zu den wichtigsten Sehenswürdigkeiten der vielgestaltigen Harzlandschaft zu führen.

1

Zur „Schönen Aussicht“ auf dem Pferdeberg

Ausgangsort und Zufahrt: Duderstadt liegt am Schnittpunkt der B 247 und B 446, südlich der Harzorte Osterrode und Herzberg, östlich von Göttingen, mitten im Eichsfeld, umrahmt von Stadtberg, Kutschenberg, Lindenberg, Pferdeberg, Euzenberg, Sulberg und Tettle. Die Hahle und die Brehme fließen durch den Ort. Beide Flüßchen entspringen im Ohmgebirge.
Ausgangspunkt: Wall am Obertor.
Wegverlauf: Obertor – Nordhäuser Straße – Mühlhäuser Straße – Siebigberg – Musikantenweg – Gerblingeröder Straße – Brückenstraße – Aussichtspunkt Pferdeberg – Gasthaus „Zur schönen Aussicht“ – Kolping-Ferienstätte – Bischof-Janssen-Weg – Radweg parallel zur Hahle, Richtung Duderstadt – Ziegeleistraße – Schützenring – Wallsteintor.
Wegcharakter: Es ist eine einfache Wanderung auf guten Wegen,

Im 10. Jahrhundert unterhielten die Ludolfinger in der Gegend eine Pfalz. Über Otto II. gelangte der Ort 974 an das Stift Quedlinburg, dann an die Thüringer Landgrafen und 1247 schließlich an die Braunschweiger Herzöge. Über 500 Jahre gehörte die Stadt auch den Mainzer Kurfürsten. Weil sie im Verkehrsschnittpunkt von acht bedeutenden alten Handelsstraßen lag, erlebte sie im späten Mittelalter, zur Zeit der Hanse, also zwischen dem 13. und dem 16. Jahrhundert, eine hohe wirtschaftliche Blüte. Aus dieser Zeit stammen die reich ausgestatteten Fachwerkhäuser, für die Duderstadt berühmt geworden ist. Großbrände haben das mittelalterliche Stadtbild nicht verändern können. Noch gibt es über 500 Fachwerkhäuser aus den unterschiedlichsten Stilepochen, von der Gotik bis zum Klassizismus. Auch das Rathaus stammt aus dem Mittelalter. Es gilt als eines der ältesten und schönsten im deutschen Sprachraum.

Auf dem Musikantenweg

Von Duderstadt aus folgen wir der Markierung Rabe und zwar vom Obertor am Wall durch die Nordhäuser und Mühlhäuser Straße. Am Siebigberg, südlich der Bebauung, wandern wir steil aufwärts, am Tierheim vorbei und zwischen Obstgärten hindurch auf eine Anhöhe. Hier führt der Musikantenweg nach Gerblingerode. Wir gehen auf der Gerblingeröder Straße bis zur Kirche Mariä Geburt. Die Kirche mit dem Pfarrzentrum wurde 1970/72 gebaut. An der gleichen Stelle stand eine 1895 errichtete Kirche. Ein Kreuz mit Korpus und einer Madonnenfigur wurden aus der alten Kirche übernommen. Beim Pfarrzentrum biegen wir in die Brückenstraße ein. In der Nähe steht die Heimatstube im Gebäude der ehemaligen Dorfschule. Sie ist von 10.30 bis 12 Uhr geöffnet. Jenseits der Hahlebrücke wandern wir auf der Hauptzufahrtsstraße zum Pferdeberg 278 Meter hinauf. An dem Weg sind Bänke aufgestellt, und ein Holzkreuz mit zwei Gedenksteinen erinnert an eine besondere Tradition der Gerblingeroder, die heute noch jedes Jahr den Pferdeberg hinaufpilgern und damit ein altes Gelübde erfüllen.

Zum Aussichtsturm

Fast am höchsten Punkt steht der Aussichtsturm. Von ihm aus bietet sich ein großartiger Rundblick. Anschließend können wir uns in der Waldgaststätte „Zur schönen Aussicht" erholen. In der Nähe ist die Wall- und Grabenanlage am Standort der einstigen Pferdebergwarte als Teil eines mittelalterlichen Befestigungssystems sehenswert. Das baumbestandene Rondell steht unter Naturschutz. In der Nähe der Gaststätte gibt es auch einen Grillplatz und eine Spielwiese. Über einen Grasweg wird dann die 1983 erbaute Kolpingfamilien-Ferienstätte erreicht.

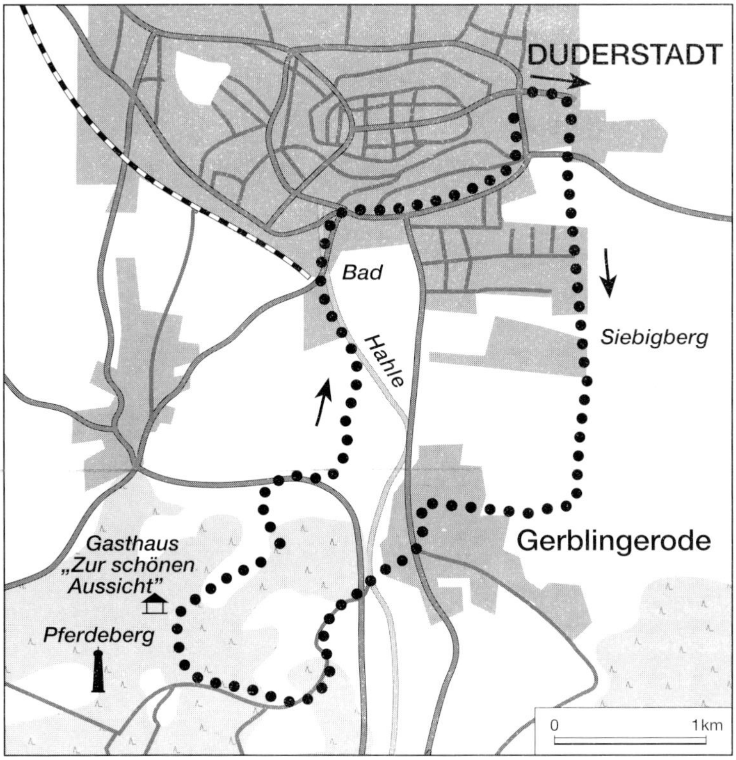

die praktisch das ganze Jahr über, soweit es die Witterungsverhältnisse zulassen, begangen werden kann. Es gibt auch keine Orientierungsprobleme.

Weglänge: 10 Kilometer.

Gehzeit: 2½ Stunden.

Markierung: Rabe.

Höhenunterschied: 100 Meter.

Einkehrmöglichkeiten: In Duderstadt und am Pferdeberg im Gasthaus „Zur schönen Aussicht".

Vom Pferdeberg bietet sich ein wunderbarer Ausblick auf das schöne Städtchen Duderstadt.

Zum Steintor und zurück

Auf dem Bischof-Janssen-Weg bewegen wir uns hinunter zur Verbindungsstraße Tiftlingerode – Gerblingerode. Über den Radweg halten wir uns nach rechts, bis wir circa 100 Meter weiter einen befestigten Weg entlang der Hahleaue erreichen. Wir kommen in Duderstadt an und kommen über die Ziegeleistraße zum Schützenring. Wir erreichen den Wall im Bereich der südlichen Vorstadt. Die Straße wird von Fachwerkhäuserzeilen eingerahmt. An der engsten Stelle stand einst der Steintorturm, eines der inneren Stadttore. Im Turm des 1829 abgebrochenen Steintores befand sich der heute im Rathausturm untergebrachte „Anreischke". Der Festungsbaumeister Andreas oder Anreisch war ein rechter Schinder, der sich bei den zu Hand- und Spanndiensten verpflichteten Bauern sehr unbeliebt machte. Ihr Zorn richtete sich auch gegen die Duderstädter Bürger, die sie fortan nach dem Namen des Aufsehers „Anreischkes" nannten. Aus Rache stellten die Duderstädter im Turm des Steintores den „hölzernen Anreischke" auf.

Von der Vogelstation um den Sösestausee

2

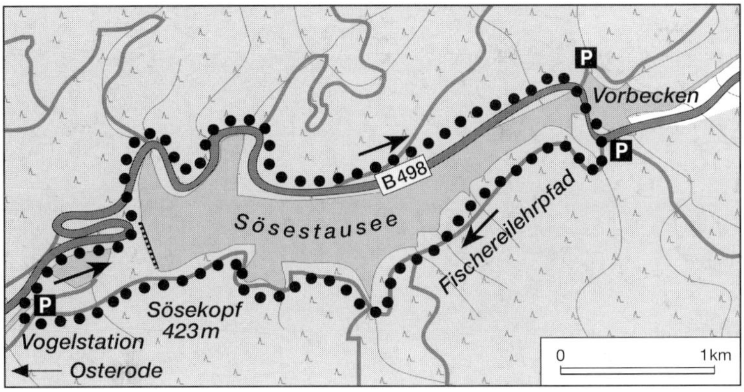

Osterode hat das Aussehen einer typisch niedersächsischen Fachwerkstadt. Die schönen alten Häuser und Kirchen aus vier Jahrhunderten sind weitgehend erhalten. Stadtmauer und Mühlgraben bestehen noch aus dem Mittelalter. An der Stirnseite des alten Rathauses mit seinem historischen Ratskeller hängt der Talisman der Stadt, eine Walfischrippe, die vor Hochwasser und anderer Not bewahren soll. Eindrucksvoll beherrscht der Turm der St.-Ägidien-Marktkirche die Silhouette der Innenstadt. Im Kircheninneren finden wir wertvolle Grabsteine der letzten Grubenhagener Fürsten. Die Kassettenholzdecke hat kunstvolle Schnitzereien. Sehenswert in einer anderen Kirche der Stadt, der St.-Jacobi-Kirche, sind neben dem säulenlosen Kirchenschiff der Altar, die Kanzel und der romanische Taufstein. Interessant ist vor allem die kleine Kapelle unter der Fürstenloge. Die kleinste, aber reizvollste Kirche der Stadt ist die Marienkirche. Sie besitzt einen wertvollen Altar aus dem Jahre 1517. Das Gebiet um Osterode ist auch geologisch sehr reizvoll, vor allem was die Gesteinsformationen betrifft. Osterolithen nennt man die Gesteine des Südharzes, wie Roteisenstein, Kieselschiefer, Graptolithenschiefer, Porphyr, Grauwacke, Gips und Buntsandstein, Kupferschiefer, Anhydrit, Muschelkalk und Schwerspat, um nur einige zu nennen.

Ausgangsort und Zufahrt: Osterode liegt am Südwestrand des Harzes, am Schnittpunkt der B 241, B 243 und B 498, an der Söse, die nordöstlich der Stadt zu einem über 5 Kilometer langen See aufgestaut wurde. Der Ort hat Bahnanschluß.
Ausgangspunkt: Parkplatz 4 Kilometer nordöstlich vom Stadtrand bei der Vogelstation.
Wegverlauf: Vogelstation – Mariental – parallel zur B 498 – nördlich des Stausees über den Damm zwischen Haupt- und Vorbecken – Fischereilehrpfad – Dammkrone – Campingplatz – Parkplatz.
Wegcharakter: Der erste Teil der Wanderung folgt einer in der Saison etwas befahrenen Straße. Nach der zweiten größeren Einbuchtung des Stausees kann man abzweigen und parallel zum Stau auf Waldwegen wandern. Der Rückweg ist bequem, die ganze Wanderung etwas lang, dafür aber reizvoll durch

die wechselnden Stimmungen am Stausee und im umliegenden Wald.
Weglänge: 12 Kilometer.
Gehzeit: 4½ Stunden.
Markierung: Grünes Kreuz und grünes Dreieck.
Höhenunterschied: Circa. 50 Meter.
Einkehrmöglichkeit: Gasthof „Mariental".

Über die Dammkrone hinaus

Von Osterode aus kann man auf zwei Bundesstraßen den Harz durchqueren: auf der B 241 und auf der B 498. Auf letzterer sind es vom Stadtrand bis zum Ausgangspunkt unserer Wanderung, dem Parkplatz mit Grillplatz bei der Vogelstation, 4 Kilometer Entfernung. Hier starten wir. Wir können natürlich zuerst die Vogelstation besuchen, eine wissenschaftliche Einrichtung zur Beobachtung der dort beheimateten Vögel. Dann spazieren wir der Straße nach im Talboden zur Vorsperre und ins Mariental. Ein Fußweg leitet dann in steilen Serpentinen zur Dammkrone. Beim Weiterweg folgen wir wieder der Straße, die hoch über dem Stausee die Ausbuchtungen der Anlage umrundet. Einen Abzweig ins Volketal beachten wir nicht. Eine weitere Straßenkurve nimmt uns auf, ein gerades Stück folgt, eine Links- und eine Rechtskurve. Auch am nächsten Abzweig in den Berg hinauf gehen wir vorbei. Erst wo nach einem größeren Straßenbogen ein Weg schräg aufwärts leitet, folgen wir der Markierung grünes Kreuz, bis wir zum Damm am Vorbecken kommen. Bisher haben wir fast 4½ Kilometer zurückgelegt.

Am Fischereilehrpfad

Über die Tierwelt am Sösestausee (oben) informiert ein mit Tafeln und Unterstandshütten (links) ausgestatteter Lehrpfad.

Hier, beim Parkplatz nördlich des Vorbeckens, beginnen ein Wanderweg durchs Steintal nach Riefensbeek und ein Waldlehrpfad. Wir folgen aber der Straße südwärts über den Damm, wo wir erneut auf einen Wanderparkplatz stoßen. Durch eine Schranke gehen wir in den Wald und kommen über eine Bachbrücke zu einer Dreieckkreuzung. Hier ist eine Tafel angebracht. Rechts abzweigend folgen wir dem Bach und kommen wieder zum Rand des Stausees. Unsere Markierung ist jetzt ein grünes Dreieck. Wir gehen bergauf auf einem breiten Forstweg über eine Anhöhe, immer in Sichtweite der Stauanlage im Fichtenwald und am hohen Hang. Nach der zweiten Hütte informiert eine Tafel des Sportanglervereins über Tier- und Pflanzenwelt am Gewässer. Der Lehrpfad entlang des über 5 Kilometer langen Staubeckens endet bei einer Sitzgruppe vor der Dammkrone. Bei einer Bank zweigen wir vom Fahrweg ab und folgen am Campingplatz vorbei einem Waldpfad steil bergab zur Vogelstation und zurück zum Ausgangspunkt am Grill- und Parkplatz westlich des Stausees.

3

Über die Tillyschanze zum Albertturm

Ausgangsort und Zufahrt: Wildemann liegt westlich von Clausthal-Zellerfeld an einer Abzweigung der B 242, die Bad Grund mit Clausthal-Zellerfeld verbindet.
Ausgangspunkt: Kurverwaltung am Bohlweg.
Wegverlauf: Tillyschanze – Spinne – Albertturm – Tropfsteinhöhle – „Schweinebraten“ – Wildemann.
Wegcharakter: Die spärliche Markierung und die zahlreichen Wegvarianten machen es etwas kompliziert, die Route zu finden. Die Wege selber sind im allgemeinen gut, mit Ausnahme des Abstieges von der Moltkewarte zur Spinne.
Weglänge: 10 Kilometer.
Gehzeit: 2½ Stunden.
Markierung: Grünes Kreuz und grünes Dreieck (sehr lückenhaft).
Höhenunterschied: Etwa 110 Meter.
Einkehrmöglichkeiten: Albertturm und Imbiß Tropfsteinhöhle.

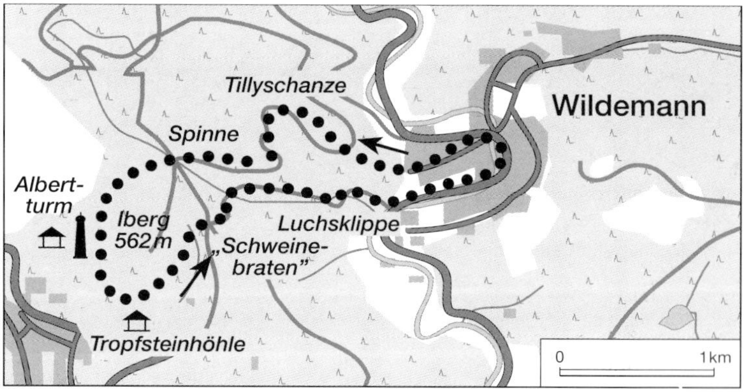

Als Bergleute einst in die Gegend des heutigen Ortes Wildemann kamen, entdeckten sie im Schlamm des Wasserlaufs Innerste frische menschliche Fußspuren. Dabei hatten sie geglaubt, die einzigen Menschen weit und breit zu sein. Sie gingen der Fährte nach und erspähten zwei fremde Menschen: einen Mann und eine Frau. Beide waren riesengroß und trugen als Kleidung nur einen breiten Gürtel von Laub und eine Mooskappe auf den Kopf. Als die wilden Menschen die Bergleute erblickten, flüchteten sie. Später wurden sie noch öfters gesehen, aber keinem gelang es, sie einzuholen, bis der Wilde Mann einmal am Fuß verletzt wurde. Es gab einen harten Kampf. Die Riesin konnte fliehen, der Mann wurde von der Übermacht überwältigt. In der Gefangenschaft war mit dem Wilden Mann nichts anzufangen. Er aß und trank nicht und wollte nicht arbeiten. So beschlossen die Bergleute, ihn zum Herzog nach Braunschweig zu schicken. Unterwegs starb der Gefangene. Im Augenblick des Todes fand man in einer Höhle die erste Erzader. Die Bergleute nannten die Grube nach ihm „Wilder Mann“, und an der Stelle, wo sie den Wilden Mann gefangen hatten, pflanzten sie eine Linde, die heute noch vor dem Rathaus steht. So steht zumindest die Geschichte des Ortes auf einer Tafel vor dem Rathaus geschrieben.

Zur Tillyschanze

Bei der Kurverwaltung im Ortszentrum am Bohlweg beginnt unsere Wanderung. Wir spazieren südwärts steil die Seesener Straße hoch, vorbei am ehemaligen Hospital und am Hirtenhaus, bis die Häuserreihe am Wald endet. Auf einem Hangweg, der im Wald nicht mehr so steil ansteigt, gehen wir geradeaus. Bei einer Kreuzung ist die Tillyschanze, eine Befestigungaus dem Dreißigjährigen Krieg, erreicht. Rechts führt der Silberkannenweg weiter, links der Quellenweg. Wir gehen geradeaus, der Markierung blaues Kreuz nach, über einen Buckel zu einer kleinen Lichtung hinunter und dann wieder aufwärts bis zur Moltkewarte. Nach links zweigt unser Weg zur Spinne ab. Ziemlich eben spazieren wir bis zu einer Dreieckkreuzung, halten uns links südlich steil bergab und erreichen die Spinne, eine Vielfachkreuzung, die auch ein Aussichtsplatz ist. Geradeaus, also südwärts, geht es nun weiter zum Albertturm am Iberg, in dem eine Gaststätte eingerichtet ist.

Im Albertturm auf dem Iberg ist eine Gaststätte eingerichtet.

Nächste Seite: Morgenstimmung in lichtem Buchenwald.

Zur Tropfsteinhöhle

Vor dem Turm halten wir uns links. Es geht steil in Serpentinen hinunter zu einem Absatz im Hang, wo eine Hütte und Sitzgruppen stehen. Wir spazieren nun die Stufen und Serpentinen hinunter zum Höhleneingang über der Fahrstraße. Nach dem Besuch der Tropfsteinhöhle streben wir wieder den Geländerweg hinauf zum Platz mit den Sitzgruppen und schwenken nun nach rechts in den Hangweg, der zunächst durch Buchenwald führt. Wir kommen durch ein Wildschutzgatter zur Kreuzung am „Schweinebraten“. Wir gehen geradeaus und, nun der Markierung grünes Dreieck folgend, bergab. Im Forstwegbogen halten wir uns geradeaus, kommen über einen Bach und sind dann wieder auf der Forststraße, die uns zu einer Kreuzung leitet. Erneut überqueren wir den Bach und folgen der Forststraße an seinem Ufer bergab, bis zu einer Kneipptretanlage am Waldrand. Hier mündet der Gittelsche Bach in die Innerste. Wir biegen nun nach links in die Clausthaler Straße und folgen dann in der Fortsetzung dem Bohlweg zurück zum Ausgangspunkt.

Auf der Alten Harzstraße

4

Die Alte Harzstraße wurde als Königs-, Pilger-, Handels-, Heer- und Poststraße in Urkunden schon 1006 erwähnt und war bis ins späte 18. Jahrhundert in Betrieb. Goslar, heute von der UNESCO als Teil des Erbes der Menschheit deklariert, hat eine stolze Vergangenheit. Hier regierten im Heiligen Römischen Reich Deutscher Nation in der Kaiserpfalz, dem heutigen Wahrzeichen der Stadt, die Salier- und Stauferkaiser. Heute noch ist der höfische Glanz mittelalterlicher Reichsversammlungen im zweigeschossigen Palast der Kaiserpfalz gegenwärtig. Diese wurde 1039 bis 1056 von Heinrich III. gebaut und gehört zu den eindrucksvollsten mittelalterlichen Großbauten Deutschlands. Vieles ist sehenswert in dieser gut erhaltenen Stadt: Die Pfalzkapelle St. Ulrich neben der Pfalz diente den Kaisern als Hauskapelle. Gegenüber steht die 1150 gebaute Domvorhalle. Der 1050 geweihte Dom wurde 1819 abgerissen.

Dem Granebach entlang

Ein guter Ausgangspunkt für unsere Wanderung ist der Parkplatz über der Stabkirche am Bocksberg. Wir gehen von hier westwärts zur Rathausstraße, Ecke Bockswiesenstraße, biegen nach rechts in die Rathausstraße und folgen ihr, bis sie sich verzweigt. Hier halten wir uns ostwärts, also rechts, auf dem Granetalweg, der unter der Seilbahn zum Bocksberg hindurch allmählich nach Norden schwenkt, wo sich die Zuflüsse zum Granebach sammeln. Wir wandern nun auf dem Fahrweg am Granebach entlang, im tiefen Tal zwischen dem 150 Meter aufragenden Langetalkopf rechter Hand und dem 200 Meter hochsteigenden Hühnertalberg linker Hand. Der Fahrweg verzweigt sich nach einer Brücke. Wir gehen also am Granebach rechts weiter, überqueren den Granebach nachdem ein Fahrweg abgezweigt ist, halten uns also weiter rechts, nun rechts des Flusses an der Alexquelle vorbei. Das Hüttetal mündet ein. Wir kommen zum Graneblockhaus. Der Fahrweg verzweigt

Ausgangsort und Zufahrt: Hahnenklee ist über die B 241 zu erreichen. Beim Kreuzeck auf die Landstraße 516 abzweigen und hier über den Ortsteil Bockswiese nordwärts nach Hahnenklee fahren. Der Ort liegt also 10 Kilometer südwestlich von Goslar, ist aber nur auf Umwegen zu erreichen.
Ausgangspunkt: Parkplatz über der Stabkirche.
Wegverlauf: Hahnenklee – Granebach – Margaretenklippen – Oberer Klippenweg – Nonnenberg – Goslar – Alte Harzstraße – Auerhahn – Hahnenklee.
Wegcharakter: Es ist eine sehr lange, aber ungemein interessante und abwechslungsreiche Wanderung auf teilweise befestigten und nahezu ausschließlich guten Wegen.
Weglänge: 18 Kilometer.
Gehzeit: 6 Stunden.
Markierung: Blaues Dreieck.
Höhenunterschied: 150 Meter.

Einkehrmöglichkeiten: Am Hessenkopf, Abstecher zum Gasthaus „Sennhütte", und am Auerhahn.

sich. Wir halten uns wieder rechts bis zur nächsten Abzweigung, einer Dreieckkreuzung, wo wir links weitergehen, um, nun ansteigend und den Talboden verlassend, die Margaretenklippen zu erreichen. Wir sind am oberen Klippenweg. Er führt uns zum Parkplatz unterm Weinberg, dort, wo aus dem Granestaubereich das Schlüsseltal einmündet. Ein Stück gehen wir nun weiter, halten uns wieder im Rechtsbogen und kommen schließlich über den Nonnenberg nordostwärts nach Goslar hinein. Wir stoßen auf den Nonnenweg, auf dem wir uns nach dem Frankenberger Teich rechts halten, sind dann auf der

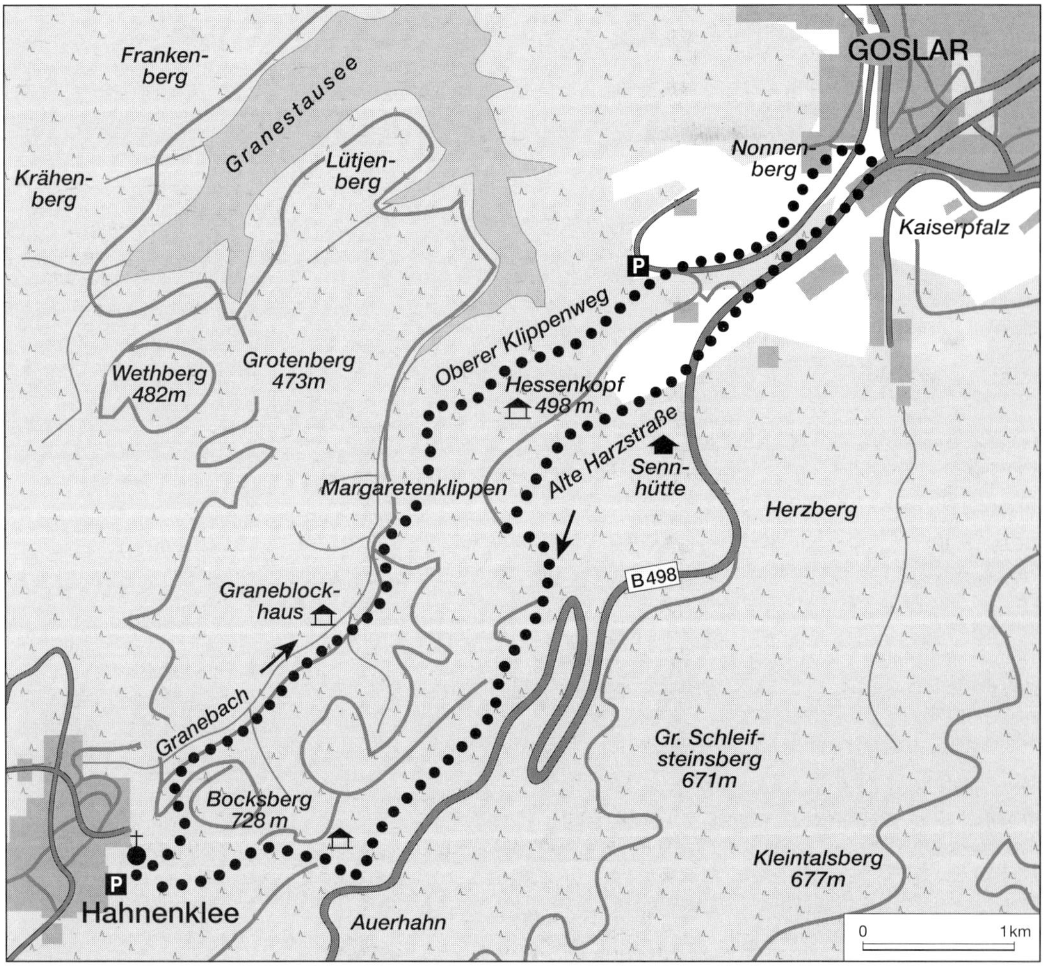

B 82 und kommen zur Kreuzung. Dort, wo die B 82 in die B 41 einmündet, halten wir uns links an die Clausthaler Straße und zweigen links in die Bergstraße ab. Vom Parkplatz können wir, uns rechtshaltend, die Kaiserpfalz aufsuchen. Von hier aus ist es nicht mehr weit: Über den Hohenweg gelangt man beispielsweise zum Marktplatz, also ins Zentrum von Goslar.

Auf alten Hohlwegen zurück

Die Clausthaler Straße nimmt uns wieder auf. Wir gehen westwärts bis zum Feuerteich, dann weiter auf der Bundesstraße, bis wir beim Parkplatz gegenüber den Gosetaler Terrassen an der Bundesstraße in Richtung Clausthal-Zellerfeld auf der Alten Harzstraße weiterwandern. Wir gehen also rechts ein Stück parallel zur Bundesstraße über die Hessenkopfwiesen. Nach etwa 200 Metern, bei einer Ruhebank, finden wir den ersten Zeugen der alten Straße, nämlich einen halbverschütteten Hohlweg mit Fahrspur. Links unter uns liegt das Gasthaus „Sennhütte", von dem etliche Hohlwege, die früher Erzwege waren, aus dem Gosetal zu uns heraufführen. Wir passieren auf der Harzchaussee, die 1822 bis 1826 gebaut wurde, die Ratsschiefergrube, das ehemalige Schieferbergwerk Glockenberg. Rechts und links begleiten uns ständig die im Gelände deutlich erkennbaren Hohlwege. Auf dem Teerweg erreichen wir den Kilometerstein 2,2. Hier verlassen wir den Weg, gehen etwa 25 Meter rechts in den Wald und treffen auf eine doppelte Wagenspur. Wir steigen in den dahinterliegenden Hohlweg und folgen ihm etwa 150 Meter bergab. Nun finden wir etliche ausgegrabene, guterhaltene Wagenspuren und Trittsiegel von Pferden.

Zum Auerhahn

Am Parkplatz Glockenberg führt unser Weg zu einer Schutzhütte. An ihr vorbei geht es weiter auf der Alten Harzchaussee. Weitere Spuren der „Alten Harzstraße" finden wir rechter Hand. Schließlich erreichen wir auf 637 Meter Höhe den Auerhahn, ein Berggasthaus mit Einkehrmöglichkeit. Unmittelbar hinter dem Forsthaus Auerhahn können wir noch einmal 30 Meter in einen sehr markanten Hohlweg mit den wohl

Zum Ausklang der Wanderung bietet das Gasthaus „Zum Auerhahn“ eine willkommene Einkehrmöglichkeit.

schönsten Huf- und Wagenspuren unserer bisherigen Wanderung einbiegen. Vom Auerhahn aus, also hinter den Häusern, biegen wir rechts weg. Es ist die Markierung blaues und rotes Dreieck, die uns nun auf dem Auerhahnweg zurückleitet, erst in westlicher Richtung, dann nach Norden schwenkend zum Parkplatz über der Stabkirche.

Über den Schalke nach Festenburg

5

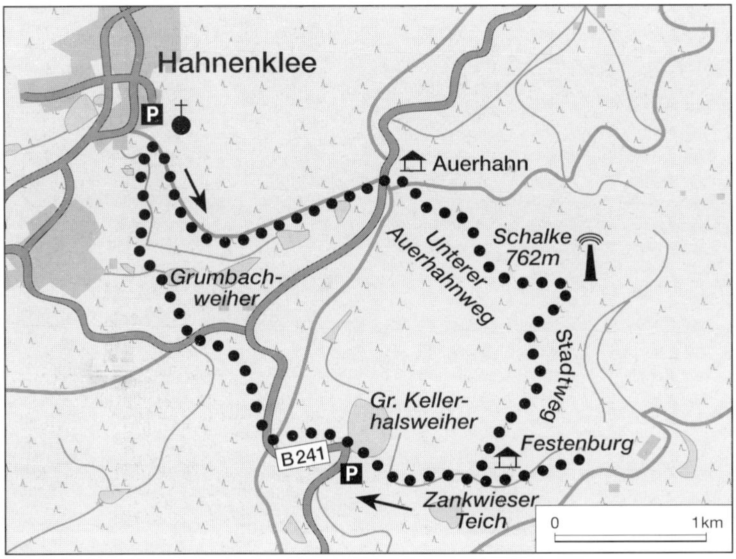

Wer Hahnenklee besucht, sollte nicht versäumen die Stabkirche zu besuchen. Ähnliche Kirchen wurden in Skandinavien schon um 1000 bis 1100 gebaut. Bei der 1907/08 erbauten Hahnenkleer Stabkirche bestimmen zwölf Stäbe die Grundkonstruktion. Die Querbalken hat man ohne Verwendung von Nägeln genutet und gespundet. Von den alten Stabkirchen unterscheidet sich die Hahnenkleer Kirche dadurch, daß der Laubengang zum Innenraum dazugenommen und durch den Einbau einer Empore mehr Raum geschaffen wurde.

Auf dem Auerhahnweg

Vom Parkplatz oberhalb der Stabkirche gehen wir südwärts, der Markierung blaues Kreuz nach. Am Wasserberg vorbei kommen wir auf den unteren Auerhahnweg, einen wunderschönen Hangweg über einer Serie von Teichen. Er führt den oberen Schalker Graben entlang, der insgesamt eine Länge

Ausgangsort und Zufahrt: Hahnenklee ist ein Ortsteil von Goslar und liegt südwestlich der Stadt an einer von der B 242 abzweigenden Verbindungsstraße nach Lautenthal.
Ausgangspunkt: Parkplatz über der Stabkirche.
Wegverlauf: Unterer Auerhahnweg – Auerhahn – Schalke – Stadtweg – Festenburg – Kellerhalsweiher – Mittlerer Grumbachweiher – Dammweiher – Hahnenklee.
Wegcharakter: Eine etwas lange und anstrengende, aber ungemein reizvolle Wanderung auf überwiegend sehr guten Wegen –, bis auf den Abstieg nach Festenburg. Etwas langweilig ist das Routenstück unterhalb der B 241.
Weglänge: 14 Kilometer.
Gehzeit: 4 Stunden.
Markierung: Roter Punkt, grünes Kreuz, grünes Dreieck.
Höhenunterschied: 170 Meter.
Einkehrmöglichkeiten: Auerhahn, Festenburg.

Von Hahnenklee aus wandert man entlang einer Serie von idyllischen Teichen, die bei schönem Wetter auch zum Baden locken.

Rechts: In unmittelbarer Nähe der Festenburg führt der Weg an romantischen Lichtungen vorbei.

von 8 Kilometer hat und nach 1680 gebaut wurde. Die Markierung blaues Kreuz schwenkt zu den Seen hinunter. Wir bleiben oben und folgen dem grünen Dreieck. Auch bei einer weiteren Abzweigung bleiben wir oben und kommen beim Auerhahnweiher zu einem Campingplatz. Zwischen den Weihern geht es dann geradeaus hoch. Wir halten uns links, wandern parallel zur Fahrstraße nach Auerhahn. Zunächst stoßen wir aber auf die Markierung rotes Dreieck, und im Bogen gelangen wir zur Bundesstraße und zum Wirtshaus an der B 241, überqueren die Bundesstraße, folgen dem Teerweg und der Markierung rotes Dreieck steil den Hang hinauf bis zu einer Abzweigung, wo eine Bank steht. Jetzt halten wir uns links und erreichen die Radaranlagen des 762,4 Meter hohen Schalke. Es geht rechts herum um die Anlagen und in einen Waldweg nach rechts hinunter. Ein großartiger Gratweg mit einer phantastischen Aussicht über den Harz nimmt uns auf. Bei einer Bank gehen wir links weg. Wir sind wieder im Wald, steil geht es einen Pfad hinab bis zu einem Wendeplatz und auf einem Forstweg weiter bis zu einer Mehrfachkreuzung; nun links, südwärts, immer

noch bergab, wo wir bei einer Lichtung auf eine weitere Kreuzung stoßen, die an einem Kunstgraben liegt. Dem Grabenweg folgen wir nach links bis nach Festenburg, wo wir in einem Café einkehren können. Zurück geht es wieder bis zur Kreuzung an der Lichtung und weiter am Dammweg neben dem Tränkgraben, nun in westlicher Richtung. An einer Schneise vorbei erreichen wir den Kellerhalsweiher, der hoch über der B 241 liegt.

Wir gehen dann links hinunter und halten uns rechts über dem Damm, kommen zur Bundesstraße, gehen darüber hinweg und unterhalb weiter bis zur Abzweigung nach Auerhahn. Daran vorbei können wir wieder die Bundesstraße überqueren und gehen geradeaus durch eine Schranke auf einen Bergwerkslehrpfad zunächst abwärts. Über einen Forstweg kommen wir zum Mittleren Grumbachweiher. Über die Dammkrone erreichen wir links steil bergauf einen Forstweg. Hier gehen wir links weiter und bleiben neben einem Kunstgraben. Der Dammweiher wird erreicht, und von hier kommen wir, am Wasserwerk vorbei, zurück zum Parkplatz über der Stabkirche.

6

Durchs Spiegelthal zum „Waldweben“

Ausgangsort und Zufahrt: Die Stadt liegt mitten im Oberharz, an der B 242, die Osterode mit Goslar verbindet. Bei Clausthal, dem südlichen Ortsteil, kreuzt die B 242 von Bad Grund in Richtung Braunlage. Es ist ein großes Rodungsgebiet inmitten einer weiten Ebene.
Ausgangspunkt: Schützenplatz am Nordende von Clausthal-Zellerfeld.
Wegverlauf: Clausthal-Zellerfeld – Stadtweger Teich – Untermühle – Spiegelthal – Spiegelthaler Zechenhaus – Waldweben – Clausthal-Zellerfeld.
Wegcharakter: Das Wegstück zwischen Stadtweger Teich und Spiegelthaler Zechenhaus ist ungemein romantisch und abwechslungsreich, begleitet von einem Kunstgraben und einem Bachlauf sowie Stauweihern und Wasserfällen. Insgesamt gut zu gehen.
Weglänge: 8 Kilometer.
Gehzeit: 2½ Stunden.
Markierung: Blaues Kreuz.

Clausthal-Zellerfeld im Zentrum des Oberharzes ist berühmt durch die 1775 als Bergschule gegründete Technische Universität. Ihre Mineraliensammlung hat sich im Laufe der Zeit zur zweitgrößten der Welt entwickelt. Besonders interessant ist die Sammlung der Gesteine und Mineralien des Harzes. Im Umfeld der Bergbaustadt gibt es 66 Teiche. Sie wurden zwischen dem 16. und 18. Jahrhundert künstlich angelegt und standen im Zusammenhang mit dem Bergbau. Über zehn Gruben wurden hier in der Blütezeit gezählt. Heute weisen noch die Schachtgerüste des Ottiliae- und des Wilhelmschachtes auf diese Zeit hin. Das Bergwerksmuseum gibt einen Überblick über die Geschichte des Bergbaues im Oberharz von den Anfängen bis zur Gegenwart. In der Nähe befindet sich der Kunsthandwerkerhof. Hier, in der ehemaligen Zellerfelder Münzstätte, in der vor über 200 Jahren die Silbertaler geprägt wurden, ist eine Mundblashütte, eine Töpferwerkstatt und ein Goldschmiedeatelier zu besichtigen, und man kann einer Seidenmalerin bei ihrer Arbeit zuschauen. Auch im ältesten Fachwerkhaus Zellerfelds, im Dietzelhaus, befindet sich ein Atelier für Seidenmalerei. Am Zellerfelder Postamt hat man ein Glockenspiel installiert. Neben der St.-Salvatoris-Kirche befindet sich die älteste Apo-

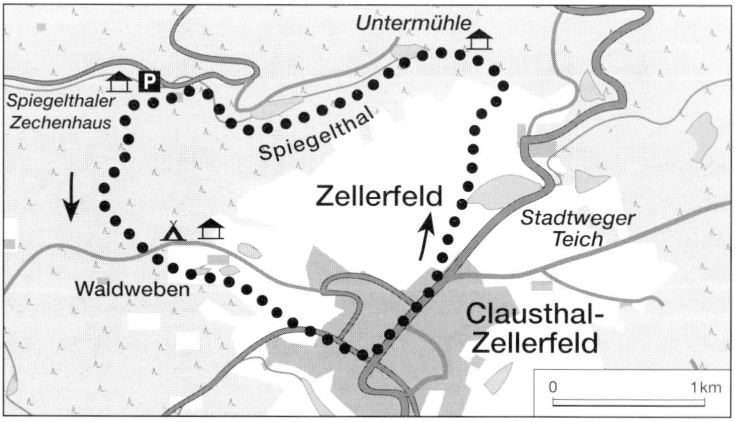

theke des Oberharzes, die Zellerfelder Fratzenapotheke. Die Balkenenden des 1674 erbauten Holzhauses zieren 66 geschnitzte Fratzen. Im Stadtteil Clausthal steht am Hindenburgplatz die 1642 erbaute, größte Holzkirche Mitteleuropas.

Höhenunterschied:
200 Meter.
Einkehrmöglichkeiten:
Untermühle und Spiegelthaler Zechenhaus, Gaststätte Waldweben.

Zur Untermühle

Am Nordrand von Clausthal-Zellerfeld, auf Goslar zu, befinden sich der Volksfestplatz und das Schützenhaus. In der Schützenklause kann man einkehren. Wir halten uns von hier nordwärts, zunächst auf einem Teerweg auf den Stadtweger Teich zu. Am Beginn des Teiches gehen wir links auf einen Pfad. Er ist mit einem blauen Kreuz markiert. Den Pfad begleitet eine Baumreihe, die in Art einer Allee an einem kleineren Teich vorbeileitet. Dann geht es auf die andere Bachseite und über eine Wiese zur Untermühle, die halbrechts im Tal liegt. Zunächst kommen wir an einem verfallenen Mühlengebäude vorbei; danach führt uns ein querverlaufender Weg nach links zum Gasthaus „Untermühle“. Wir sind im romantischen Spiegelthal und gehen zunächst im Talboden links neben den Teichen, die hier gestaut sind, weiter. Es ist ein Hangweg neben einem Bachlauf. Über Treppen geht es dann hinunter und über den Bach hinweg, wieder neben dem Bach und schließlich auf einem Dammweg weiter, der zwischen dem Bach und dem Oberen Spiegelthaler Teich verläuft. Im weiteren Verlauf kommen wir zu den Wasserfällen am Unteren Spiegelthaler Teich. Am Teichende gehen wir rechts über die Dammkrone und dann links auf dem Forstweg weiter, der in den Hohen Hang leitet.

Zum Spiegelthaler Zechenhaus

Durch eine Schranke kommen wir dann zu einer Teerstraße und folgen ihr links abwärts, also in westlicher Richtung. Bei einer Straßenverzweigung im Talgrund erreichen wir das Spiegelthaler Zechenhaus, ein Gasthaus. Davor biegen wir links aufwärts in eine Forststraße ein, die in steilen Kehren zu einer Dreieckskreuzung führt. Am Kutschenweg gehen wir nach links, langgezogen an einem Forstlehrpfad entlang aufwärts, bis ein Weg zur Untermühle abzweigt. An ihm vorbei

Der untere Spiegelthaler Teich wird auf einem bequemen Dammweg erreicht.

weiter aufwärts; am Erzweg stoßen wir auf eine querverlaufende Fahrstraße. Der Weiterweg verläuft links. Wir kommen am Campingplatz und an der Gaststätte „Waldweben“ vorbei. Jetzt zieht der Weg bergab. Nach einem ehemaligen Steinbruch, in dem heute ein Abenteuerspielplatz untergebracht ist, gehen wir rechts auf einem Waldpfad hinunter zu den Sportplätzen am Westrand von Clausthal-Zellerfeld. Wir halten uns links auf dem Fußweg am Carlerteich vorbei und kommen am Carlerberg auf die Marktstraße. Diese stößt auf die Goslarsche Straße, auf der wir nordwärts zurück zum Schützenplatz und zum Ausgangspunkt gelangen.

Zur Hans-kühnenburg

7

Sieber, ein Stadtteil von Herzberg, wurde im Zusammenhang mit der Verarbeitung von Eisenerzen in den umliegenden Bergen gegründet. Abgebaut wurden unter anderem Roteisenerzvorkommen; und die Eisensteingewinnung lag immer in Händen von sogenannten Eigenlehnern. Diese betrieben ihre privaten Kleingruben meist nur mit zwei bis drei Hauern. Im Siebertal entwickelte sich dann eine kleine Eisenhüttensiedlung. Der aus dem Siebertaler Erzen hergestellte Schmiedestahl war wegen seiner Geschmeidigkeit vorzüglich zur Herstellung von Drahtseilen geeignet. Mitte des 19. Jahrhunderts waren die reicheren Lagerstätten weitgehend ausgeerzt. 1864 endete der Eisensteinbergbau vollkommen, bekam jedoch um das Jahr 1900 einen neuen Aufschwung, weil man das bislang als wertlos angesehene Mineral Schwerspat, auch Baryt genannt, aus den Halden auswertete.

Den Lehrpfad hinauf

Südwestlich der Kirche von Sieber steigt ein Pfad rechter Hand der Straße in Richtung Herzberg steil in den Laubwald hinauf. Er leitet zu einem Forstweg, dem wir nach rechts folgen. Der windet sich im Linksbogen über einer Talschlucht aufwärts. Hier ist ein Forstlehrpfad eingerichtet. Um die Vogelwelt zu erhalten, sind hundert Nistkästen aufgestellt. In der Hütte am Betplatz werden Holzproben heimischer Bäume gezeigt, daneben verkaufsfertige Rohholzsortimente mit Preisangaben. Ein Kohlenmeiler und eine Köhlerhütte mit Feuerstätte und Schlafbank liegen am Weg, und auf der Höhe des Langfast steht die Hans-Susebach-Hütte. In ihr ist heute ein kleines Waldmuseum eingerichtet. Wir zweigen links ab, gehen immer aufwärts und sind auf dem Andreaweg. Er führt uns zu einer Dreieckkreuzung. Rechts biegen wir in die Langfaststraße ein, kommen zur nächsten Dreieckkreuzung und dann geradewegs auf die Kirchstraße. Immer noch aufwärts steigend erreichen wir

Ausgangsort und Zufahrt: Sieber ist ein Ortsteil von Herzberg und liegt nordöstlich dieser Gemeinde an einer Verbindungsstraße nach St. Andreasberg.
Ausgangspunkt: Kirche in Sieber.
Wegverlauf: Sieber – Forstlehrpfad – Andreaweg – Hanskühnenburg – Langfastweg – Kirchstraße – Ackermannstraße – Goldenke – Sieber.
Wegcharakter: Der Aufstieg zur Hanskühnenburg ist, abgesehen vom ersten Anstieg zur Forststraße, bequem zu gehen. Es sind teilweise befestigte Wege. Steil sind die Serpentinen zur Goldenke, die aber in einen Forstweg im Tal münden. Dabei geht es innerhalb eines kurzen Wegstückes gut 100 Höhenmeter bergab.
Weglänge: 10 Kilometer.
Gehzeit: 3 Stunden.
Markierung: Keine.
Höhenunterschied: 500 Meter.
Einkehrmöglichkeit: Hanskühnenburg.

die Einmündung in die Ackermannstraße, wo wir links vom Teerweg weggehen und in Serpentinen den kalten, geologisch hochinteressanten Ackermannsberg ersteigen. Dort steht auf 860 Meter Höhe die Hanskühnenburg.

Über die Goldenke zurück

Hier oben hat man 1889 einen Aussichtsturm aus Holz gebaut. 1913 folgte einer aus Stein, der in den Jahren nach dem ersten Weltkrieg 1919/20 zerstört wurde. 1924 hat man den Bau wieder instand gesetzt, aber auch dem zweiten Weltkrieg folgte 1945/46 die Zerstörung. Der Turm wurde 1949 bis 1951 wieder aufgebaut; 1975, zum 85jährigen Bestehen, hat man in ihm eine Baude untergebracht. Die Hanskühnenburg ist also eine Art Wohnturm. Von der windumtosten Höhe hat man bei klarer Sicht einen Blick auf die Hochebene des Oberharzes mit Clausthal-Zellerfeld im Norden, auf das Leinetal und den Solling im Westen, auf den Südharz und das Thüringer Becken,

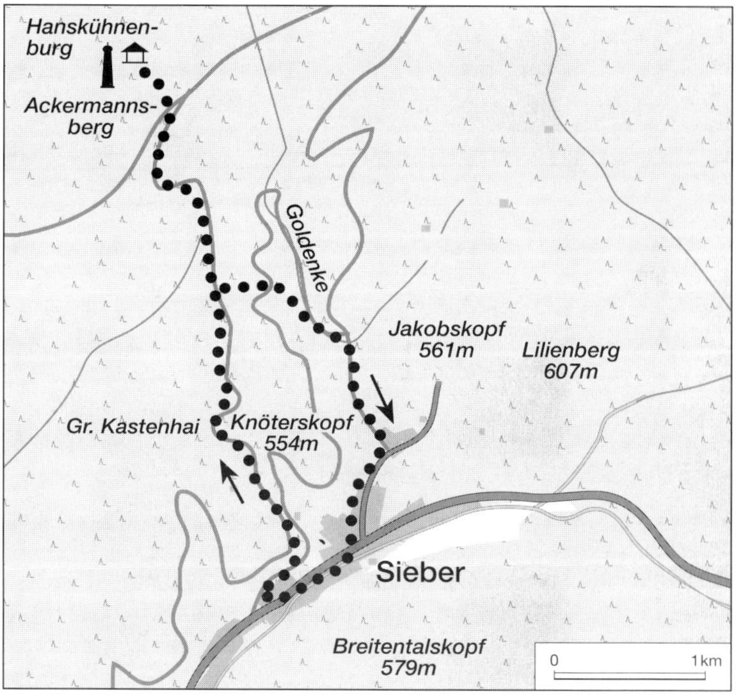

auf den Thüringer Wald und den Hohen Meißner im Süden und Südwesten. Felsbrocken und Klippen bestimmen das Bild dieses Gipfels, dessen Untergrund aus Ackerbruchquarzit besteht. Nach einem Abstecher zur Hanskühnenburgklippe gehen wir zunächst auf demselben Serpentinenpfad hinunter zur Ackerstraße. Wir steigen hinunter in die Gemarkung, die „Großer Kastenhai" heißt, und zweigen bei der Dreieckkreuzung (Kirchstraße) von der Teerstraße ab, um geradeaus bergabwärts auf der Langfaststraße bis zur nächsten Dreieckkreuzung zu gehen. Links führt der Andreaweg weiter; nach ein paar Schritten biegen wir von diesem links auf einen Waldpfad ab. In sehr steilen Serpentinen leitet dieser Hangpfad im Tannenwald hinunter. Nach einem Forstweg geht es über Stufen weiter, genauso steil wie zuvor, ins Tal der Goldenke. Über die Bachbrücke stoßen wir auf einen Forstweg. Wir überqueren noch zweimal Brücken. Nach dem Wasserbehälter mündet das Jakobstal ein, und an einem Spielplatz vorbei, kommen wir wieder nach Sieber zurück.

Die Umgebung des Ackermannsbergs, der aus dem geologisch seltenen Ackerbruchquarzit besteht, wird von verwitterten Bäumen und rauhen Klippen geprägt.

8

Auf den Großen Knollen

Ausgangsort und Zufahrt: Bad Lauterberg liegt am Südwestrand des Harzes, unmittelbar am Ende eines Autobahnstücks an der B 27, von der am Westrand des Ortes die B 243 abzweigt.
Ausgangspunkt: Parkplatz Kupferrose am Nordrand des Ortes.
Wegverlauf: Kupferrose – Tal der Großen Lutter und der Geraden Lutter – Großer Knollen – Hübichentalsköpfe – Bärentalkopf – Großentalsköpfe – Scheffeltalsköpfe – Kleines Scheffeltal – Kupferhütte.
Wegcharakter: Vom anfänglichen Wegverlauf soll man sich nicht täuschen lassen. Es geht lange bequem auf dem für den öffentlichen Verkehr gesperrten Weg in Richtung Sieber, bis der Aufstieg ins Knollental beginnt. Immerhin müssen fast 450 Höhenmeter überwunden werden, die sich im - wesentlichen auf das Stück vom Knollental zum Großen Knollen konzentrieren. Der Ab-

Auf dem Lauterberg, der heute Hausberg heißt, baute Graf Sigibodo von Scartvelt 1183 das Castrum Lutterberch. Zu Füßen der Burg entstand eine Siedlung, die sich im 15. Jahrhundert zum Bergbauort entwickelte. Den Grundstein für das Kneippheilbad Bad Lauterberg, das älteste Deutschlands, legte 1839 Ernst Benjamin Ritschler durch die Eröffnung einer Kaltwasser-Heilanstalt. Im Haus Ritschler ist das Heimatmuseum untergebracht. Hier sieht man auch ein Modell der nahen Burg Scharzfeld, die in Urkunden schon 1131 erwähnt ist. Scharzfeld, ein Felsennest über der Oder, war Reichsburg und befand sich im Besitz des Erzstiftes Magdeburg.

An der Kupferhütte vorbei

Vom Ortszentrum gehen wir steil die Weinbergstraße hinauf. Die 21prozentige Steigung endet bei einem Wendeplatz. Rechts kann man zum Bismarckturm, einem Aussichtsturm über dem Ort, aufsteigen. Geradeaus führt ein Teerweg weiter. Es ist ein Lehrpfad, der einen Buckel überwindet und im Wald wieder bergab führt. Er endet in der Lutterstraße, die uns nach rechts aufnimmt und zum großen Parkplatz „Kupferrose“ am nördlichen Ortsende leitet. Nun wandern wir auf dem für den öffentlichen Verkehr gesperrten Teerweg zur 1785 erbauten Kupferhütte, die bis 1830 in Betrieb war. Eine Straße, die rechts abzweigt, führt zu den Schwerspatgruben. Geradeaus gehen wir über eine Brücke und am Bach, der Großen Lutter, entlang. Rechts bleibt die Försterei Knollen liegen; wir gehen im Laubwald unmerklich bergauf. Eine Sitzgruppe an der Glückaufquelle heißt „Bergmannsruh“. Vor einem Wegbogen steht ein Pavillon. Dann kommen wir über eine große Wiese zu einer Abzweigung. Wir halten uns links auf dem Teerweg weiter bis zur nächsten Weggabelung. Auch hier gehen wir dem Teerweg nach links. Der Fluß, der uns jetzt begleitet, heißt Gerade Lutter. Vom Weg könnte man zur Augenquelle abzweigen. Dort war auch der Stolleneingang der ehemaligen Grube „Kupferrose“ aus dem 16. Jahrhundert. Auf dem darüberliegenden Hang einer alten Halde kann man trocken gemauerte Schächte des ehemaligen Bergwerkes besichtigen. Von jetzt an steigt der Weg noch weiter. Wir kommen an einer Mulde vorbei, wo einst der Kupferroserteich gestaut war. Das Tal wird nun enger; ab und zu sieht man die Markierung blauer Punkt. Wir kommen über eine Bachbrücke und zweigen bei einer Sitzgruppe links ab auf einen Waldweg, der steil im Buchenwald hochzieht. Ein Graben begleitet uns, und bei einer Weggabelung geht es rechts in den Hang, vorbei an einer Wildfütterung zu einer Forststraße hoch. Bei einer Bank biegen wir rechts ab, steil in großen Schwüngen über die Grabenmulde, und dann müssen

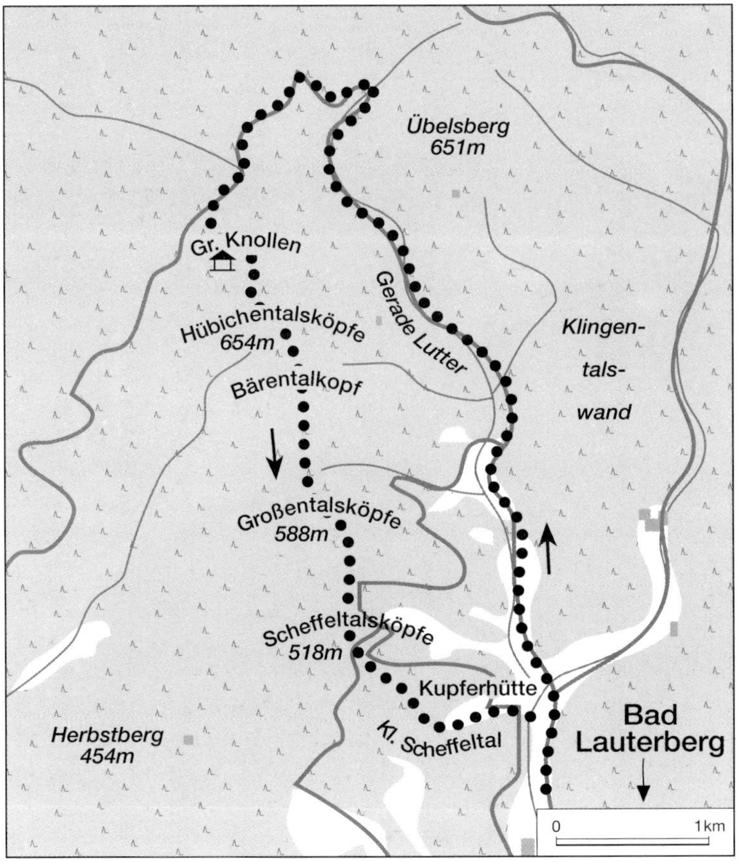

stieg ist bis zu den Scheffeltalsköpfen bequem und interessant. Dann folgt ein schlechtes Wegstück und am Schluß wieder ein Forstweg. Es ist eine lange und anstrengende Runde, die zu 40 Prozent auf befestigten Wegen verläuft.

Weglänge: 14 Kilometer.

Gehzeit: 4 Stunden.

Markierung: Blauer Punkt und blauer Balken.

Höhenunterschied: 450 Meter.

Einkehrmöglichkeit: In der Baude am Großen Knollen.

wir aufpassen: Ein Hohlweg beginnt vor uns, und vorher schlagen wir rechts einen steilen Pfad ein, der in Serpentinen hochzieht zum Grat eines durch ein Joch vom Großen Knollen getrennten Gipfels. Wir kommen an Halden vorbei, erreichen das Joch und steigen zum Großen Knollen hinauf. Hier bietet sich eine großartige Aussicht.

Durchs Scheffeltal

Nach Rast und Umschau steigen wir wieder vom Gipfel hinab zum Joch und gehen geradewegs einem Hangweg folgend nach Süden. Der Weg verläuft dicht unterm Grat, an den Gipfel der Hübichentalsköpfe vorbei, über den Bärentalkopf und die Großentalsköpfe und schließlich über die Scheffeltalsköpfe.

Neben dem Aussichtsturm befindet sich auch eine bewirtschaftete Bergbaude.

Links: Vom Aussichtsturm auf dem Großen Knollen bietet sich eine weite Aussicht über die bewaldeten Kämme des Harzes.

Jetzt leitet uns die Markierung blauer Balken, und wir halten uns zunächst immer südlich, mit teils großartigen Aussichtspunkten in die Täler und auf die umliegenden Gipfel, erst am westlichen und dann am östlichen Hang. Bei einer Wegkreuzung wird es schwierig. Die Route ist nicht mehr markiert, und nur noch ein Pfad führt auf dem Grat weiter, bis wir steil zu einer Forststraße hinuntergelangen können. Wir sind an einem Aussichtspunkt mit Sitzgruppen und gehen rechts weiter. Nach links könnte man ins Luttertal absteigen. Die Hangstraße schwenkt von Westen nach Süden und Osten, und wir erreichen die Abzweigung „Himmelshöhe". Weiter geht es abwärts.

Wir sind bereits im Kleinen Scheffeltal und erreichen schließlich den Talboden der Großen Lutter, die wir überqueren. Bei der Kupferhütte geht es nun auf dem Herweg zurück.

9

Zum Oberharzer Wasserregal

Ausgangsort und Zufahrt: Altenau liegt in einer kleinen Rodungslichtung, mitten im Oberharz, südlich der anschließenden Okertalsperre, also im Tal der Oker. Die B 498 führt durch Goslar.
Ausgangspunkt: Alter Bahnhof am Westrand des Ortes.
Wegverlauf: Altenau – Grabenhaus Rose – Dammweg – Sperbertaler Dammhaus – Oberharzer Wasserregal mit Hirschler Pfauenteich – Jägersbleeker Teich und Kunstgräben – Polstertaler Hubhaus – Polstertaler Zechenhaus – Altenau.
Wegcharakter: Eine lange und im Bereich der Dammwege hochinteressante Wanderung zu den denkmalgeschützten Anlagen des Oberharzer Wasserregals. Nahezu ausschließlich auf sehr guten Wegen mit wenig anstrengenden Höhenunterschieden.
Weglänge: 16 Kilometer.
Gehzeit: 5 Stunden.

Über 1000 Jahre lang bestimmte der Bergbau die Geschichte des Oberharzes. Silber, Blei, Kupfer und Eisen wurden gewonnen. Das Wasser hatte bei der Gewinnung Bedeutung, der Wald bei der Verhüttung. Das Wasser bereitete den Bergleuten nämlich große Schwierigkeiten, weil es in die Schächte und Stollen einsickerte und den Abbau der Erze behinderte. Nur begrenzt gab es Möglichkeiten, das Wasser durch sogenannte Wasserknechte herausschöpfen zu lassen. Das waren Männer, die auf langen Leitern stehend einander die Ledereimer zureichten. Aber das Wasser selbst bot hier Abhilfe. Es betrieb nämlich Wasserräder, die die Maschinen, die sogenannten „Künste“, in Gang setzen konnten. Diese Maschinen förderten das eingesickerte Wasser aus den Gruben heraus. Mit dem Recht, auf einem abgemessenen Abschnitt eines Erzganges Bergbau zu betreiben, verlieh die Landesherrschaft zugleich das Recht, die benötigten Wasserfälle auf Künste- und Kehrrad zu installieren. Durch ein „Regal“, also ein Königsrecht, wurde die Nutzung des Wassers solange gestattet, wie tatsächlich Bergbau in dem betreffenden Bereich erfolgte. Dieses alte Wasserkraftsystem bestand aus Teichen, Gräben und Wasserläufen. Rückgrat der Wasserversorgung, um die Wasserräder anzutreiben, waren die vielen Teiche zur Wasserspeicherung. Wir haben erfahren, daß allein in Clausthal-Zellerfeld 66 Kunstteiche entstanden sind. Diese Teiche ermöglichten es, auch in Trockenzeiten, wenn nur wenig Wasser natürlich abfloß, das notwendige Antriebswasser bereitzustellen. Gräben mußten dann das Wasser vom Teich zum Wasserrad leiten. Sammelgräben dienten zur Vergrößerung des natürlichen Teichzuflusses. Alle Gräben wurden etwa parallel zur Höhenlinie angelegt. Das System erinnert an die Südtiroler Waalwege. Damit die Gräben bei Regen nicht überliefen, baute man hölzerne Fehlschläge. Die Oberharzer Gräben sind vielfach um die Teiche herumgeführt, damit das Wasser möglichst hoch gehalten werden konnte. Je höher das Wasser auf ein Wasserrad geführt werden konnte, desto besser konnte es ein oder mehrere weitere, unterhalb liegende Wasserräder antreiben. Um Grabentouren abzukürzen oder eine Wasserscheide zu unterfahren, legte man die Gräben auch unterirdisch an.

Am Dammgraben entlang

Die Wanderung beginnt in Altenau beim alten Bahnhof. Es geht südwärts in die Rothenberger Straße. Eine Spitzkehre führt dann nach Norden, leicht bergab durch die Bäume und in einem Rechtsknick zwischen die Häuser. Bei der Schule kommen wir über den Großen Gerlachsbach, in den in der Nähe die vom Hüttenteich kommende Rotenbeek einfließt. Wir zweigen nach rechts in die Hüttenstraße ab und stoßen auf die Marktstraße. Hier kommen wir zu einer Dreieckkreuzung und gehen rechts weiter in die Breite Straße. Im Bogen führt sie über die Große Oker, mündet in die Schatzkammerstraße, und diese führt links „Auf die Rose". Am Ortsrand – rechts liegt die

Markierung: Kaum markiert, aber gut beschildert, teilweise grünes Dreieck, grüner Balken, blauer Balken, roter Punkt, grüner Punkt.
Höhenunterschied: Circa 110 Meter.
Einkehrmöglichkeiten: Sperbertaler Dammhaus, Polstertaler Hubhaus, Polstertaler Zechenhaus.

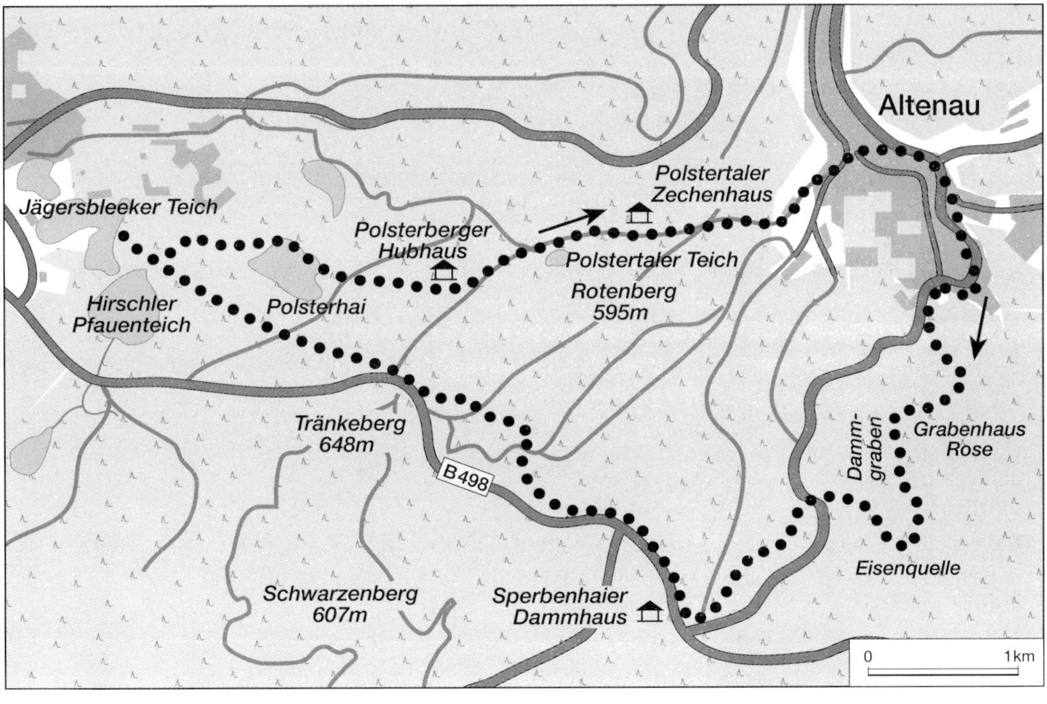

Bei Sonnenaufgang liegt über dem Jägersbleeker Teich noch leichter Nebel.

Rechts: Der Morgentau glänzt im überfluteten Schilfgras.

Jugendherberge – zweigen wir links ab in den Roseweg. Beim Grabenhaus Rose ist ein kleiner Wanderparkplatz angelegt. Oben auf der Höhe kommen wir im Wald über eine Brücke und gehen rechts auf dem Dammgrabenweg weiter. Neben dem Graben marschieren wir nun im Wald leicht bergab. Am hohen Hang geht es bis zu einer Brücke mit einer Sitzgruppe, dann im spitzen Winkel nach rechts. Bei einem Wasserzufluß und einer zweiten Brücke halten wir uns rechts, und bei einem Wendeplatz erreichen wir die Fahrstraße und einen Wanderparkplatz. Diesen überqueren wir geradeaus und gehen im Stangenwald, der Markierung grünes Dreieck folgend, weiter über den Märtensbrunnen 1½ Kilometer in Richtung Dammhaus. Rechter Hand liegt eine große Waldwiese. Beim Dammhaus kann man bereits einkehren. In der Fortsetzung geht es rechts am Damm weiter; der Dammweg stößt wieder an die B 242, schwenkt dann weg in Richtung Totemännertal, um erneut in nordwestlicher Richtung die Bundesstraße zu erreichen. Wieder geht es von der Straße weg, und dort, wo eine Zufahrt zum Polsterberger Hubhaus abzweigt, spazieren wir der Markierung grüner Balken nach schräg von der Straße in nordwestlicher Richtung auf den Entensumpf zu. Der hübsche Waldweg führt zunächst bergab, dann langgezogen bergauf an einer Waldlichtung vorbei, über eine Forststraße und dann links zum Hirschlerteich,

wo wir einen Abstecher über den Damm zwischen diesen und den Oberen Pfauenteich machen. Dann kehren wir zum Weg zurück und folgen der Markierung roter Punkt in Richtung Polstertal. Stetig geht es im dichten Tann bis zum Jägersbleeker Teich. Über den Damm kommen wir zur August-Weppner-Hütte. Auf einer Forststraße erreichen wir wieder einen Dammweg. Er führt uns zum Hubhaus, das in einer Lichtung steht.

Über das Polstertaler Zechenhaus

Im Hubhaus können wir einkehren. Dann spazieren wir links herum, also vom Parkplatz aus hinunter, zum Dammgraben und darüber hinaus, weiter links auf einem Pfad, der gleich rechts von einem Querweg aufgenommen wird. Nordostwärts geht es steil durch Fichtenwald ins Tal und zum Polstertaler Teich. Schließlich überwinden wir eine kleine Anhöhe und erreichen den Campingplatz am 1729 errichteten Zechenhaus. Wir halten uns nun an der Campingplatz-Gaststätte vorbei, also rechts über den Platz, und steigen am Ende des Platzes links steil auf eine Anhöhe bis zu einer Forststraße. Diese überqueren wir und gehen abwärts bis zu einem quer verlaufenden Forstweg. Nun rechts weiter und ebenso steil zum Alten Bahnhof zurück.

10

Auf dem Kaiserweg zum Radauwasserfall

Ausgangsort und Zufahrt: Bad Harzburg liegt nur wenige Kilometer östlich von Goslar. Die B 4 und die B 6 durchkreuzen den Ort.
Ausgangspunkt: Parkplatz an der Nordhäuser Straße, am Südrand von Bad Harzburg.
Wegverlauf: Bad Harzburg – Großer Burgberg – Abstecher zum Kleinen Burgberg – „Säperstelle" – Tiefe Kohlstelle – Am Kaiserweg – Molkenhaus – Rudolfklippen – Radauwasserfall – Philosophenweg.
Wegcharakter: Lange Wanderung auf durchwegs guten Wegen durch eine abwechslungsreiche Landschaft.
Weglänge: 12 Kilometer.
Gehzeit: 4 Stunden.
Markierung: Grünes Dreieck, blauer Punkt im Dreieck sowie roter und blauer Kreis und schließlich rotes Kreuz.
Höhenunterschied: 200 Meter.
Einkehrmöglichkeiten: Restaurant am Burgberg, Molkenhaus, Radauwasserfall.

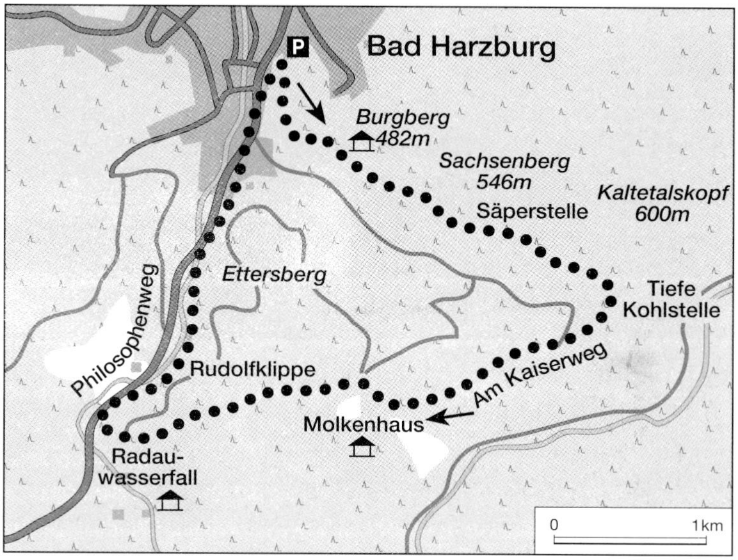

Auf dem Kleinen und dem Großen Burgberg hoch über der Stadt am Nordrand des Harzes ließ Heinrich IV. in den Jahren 1065 bis 1068 Höhenburgen errichten, um seine Macht im sächsischen Gebiet und damit im ganzen Reich zu festigen. Der sächsische Adel sah sich damit in seinen Rechten eingeschränkt und empörte sich mit Unterstützung der ansässigen Bauern schon 1068 gegen den Kaiser. Diese Unzufriedenheit gipfelte im Sächsischen Aufstand des Jahres 1073. Nach dem Frieden von Gerstungen, 1074, mußte der Kaiser seine Harzburgen aufgeben und schleifen. Er ließ aber nur die Ringmauern an den höchsten Stellen abtragen. Die Sachsen fühlten sich getäuscht, überfielen die Harzburgen und zerstörten sie völlig. Aber nach der siegreichen Schlacht von Homburg, 1075, versuchte Heinrich, die Burgen wieder aufzubauen. Auch Friedrich I. bemühte sich um den Wiederaufbau, der erst Otto IV., dem Sohn Heinrichs des Löwen, gelang. Die Burgen boten im Dreißigjährigen Krieg den Harzschützen Zuflucht, was letztlich

wieder zur Zerstörung der Anlagen führte. Vom 482 Meter hohen Burgberg aus hat man einen großartigen, weitreichenden Blick in den Harz und in das nördliche Harzland.

Auf dem bequemen Kaiserweg; im Hintergrund ist der Brocken zu erkennen.

Zur „Säperstelle“

Ausgangspunkt unserer Wanderung ist der Parkplatz an der Nordhäuser Straße am Südrand von Bad Lauterberg. Ein Geländerweg führt erst in nördlicher Richtung zu einem Bolzplatz. Im spitzen Winkel schwenkt unser Weiterweg in den Niederwald hinauf. Wir folgen der Markierung grünes Dreieck. Steil geht es aufwärts bis zu einem Joch, dann zur Burg hinauf. Hier gibt es ein Restaurant und die Bergstation der Seilbahn. Beim Weiterweg müssen wir zurück zum Joch und wandern dann geradeaus über die Kreuzung auf einem Hangweg nach Südosten. Am Sachsenbrunnen, bei der „Säperstelle“, biegen wir rechts auf den Kaiserweg ein und sehen auf den inneren

Harz und den Brocken. Der Weg verzweigt sich, wir gehen halbrechts hinunter. Dann kommen wir in den Hochwald und gehen geradeaus über eine Kreuzung. Ein blauer Punkt im Dreieck und ein roter und blauer Kreis leiten uns. Die nächste große Kreuzung heißt „Tiefe Kohlstelle“. Hier folgen wir nach rechts der breiten Forststraße, kommen über einen Buckel in den Mischwald, und unser Weg senkt sich dem Tale zu. Wir gelangen in die Talniederung und zum Molkeheim, wo man draußen und drinnen sitzen und die schöne Landschaft genießen kann. Beim Weiterweg bleibt das Molkehaus links liegen. Wir passieren eine Dreieckkreuzung und biegen bei der nächsten links, westwärts, ab.

Vom Köhlerloch stürzt der Radauwasserfall 22 Meter in die Tiefe.

Die Rudolfklippen über dem Kunstmanntal

Der Weg steigt etwas an, und wo er nach einer Wegeinmündung bei einer weiteren Kreuzung nach links abknickt, erreichen wir die Rudolfklippen hoch über dem Kunstmannstal. Nun steigen wir auf dem Waldweg ab, überqueren eine Forststraße und kommen in Serpentinen hinunter, schließlich rechtshaltend zum Köhlerloch, wo der Radauwasserfall abstürzt. Er ist erst 1859 entstanden, als man das im Moor beim Torfhaus entspringende Flüßchen umleitete. Am Fuß des Wasserfalles steht ein Wirtshaus; dort fährt die Kindereisenbahn „Emma“. Das letzte Stück Weg ist nicht so dramatisch wie der bisherige Verlauf auf dem Kaiserweg. Wir spazieren nordwärts, parallel zur B 4, auf dem sogenannten Philosophenweg. Das Hessental mündet von rechts ein. Wir kommen bei den ersten Häusern Bad Harzburgs unter den Ettersklippen auf die Straße und gehen nun über den Fußweg zurück oder bleiben am Hang und machen noch einmal einen Schwenk nach Nordosten und Osten, um die stattliche Wodanseiche zu besichtigen. Dann geht es zurück zur Straße, in den Ortsteil Radau und zum Ausgangspunkt.

11

Zum Wurmberg und auf die Achtermannshöhe

Ausgangsort und Zufahrt: Braunlage liegt an der B 4, einer Harzquerstraße zwischen Nordhausen und Bad Harzburg. Bahnreisende können von Bad Harzburg aus Braunlage mit dem Bus erreichen. Wer aus Richtung Dresden – Leipzig – Halle kommt, fährt über Nordhausen – Walkenried mit dem Bus nach Braunlage. Aus der Richtung Berlin – Magdeburg gibt es über Halberstadt – Wernigerode auf der Harzquerbahn bis Elend einen Anschluß, und von Elend geht es dann mit dem Bus nach Braunlage.
Augsgangspunkt: Talstation der Wurmbergbahn.
Wegverlauf: Auffahrt zum Wurmberg – Abstieg zum Ulmer Weg parallel zur Grenze – Dreieckiger Pfahl – Schwarzer Sumpf – Achtermannshöhe – Königskrug – Alte Harzburger Straße – Braunlage.
Wegcharakter: Der beschwerliche Teil des Weges ist durch die Auffahrt mit der Wurmberg-

Auf dem Hausberg über der Kurstadt Braunlage, dem 971 Meter hohen Wurmberg, hat man prähistorische Kultstätten gefunden. Die Steinanlagen finden sich am Osthang des Wurmberges auf dem oberen Plateau und an der östlichen Bergkuppe sowie auf dem nordwestlich sich anschließenden, etwa 20 Meter tiefer liegenden unteren Plateau des Höhenrückens. Ein Teil der Ruinen, ein 1 bis 1½ Meter breiter und 80 Meter langer Treppenbau, der von 890 Meter Höhe zum oberen Plateau aufsteigt, wird Hexentreppe oder Heidentreppe genannt. Gefunden wurden auch zwei große Ringwälle. Daneben gibt es Reste von Steinplattenwegen und anderen Anlagen, die vermutlich aus prähistorischer Zeit stammen. Doch hat man auch mittelalterliche Überlagerungen gefunden. Die Heiden- oder Hexentreppe führt zu den zentralen Kultstätten auf dem oberen Plateau des Wurmberges, die wir nach der Auffahrt mit der Kabinenseilbahn besichtigen.

Wurmberg und Ulmer Weg

Bei der Talstation der Wurmbergbahn (Parkplätze), die wir über die Herzog-Wilhelm-Straße und die Harzburger Straße erreichen, beginnt unser Rundweg. Am 971 Meter hohen Gipfel empfängt uns die Wurmbergbaude. Neben dem Gasthaus steht ein kleiner runder Steinwall, der Hexenaltar, der Teil der Kultstätte ist. Von hier geht ein gepflasteter Weg westwärts zu einem runden Steinwall, in dessen quadratischer Mitte die Hauptanlage zu finden ist. Wir bewegen uns danach ostwärts über die Heidentreppe hinunter und erreichen den sogenannten Ulmer Weg in der Talmulde zwischen Wurmberg und Großem Winterberg, der einst jenseits der Zonengrenze lag. Wir folgen nun dem ehemaligen Grenzverlauf im Tal nach Westen. Linker Hand bleibt die Stieglitzecke mit der Unterstandshütte liegen. Unser Weiterweg verläuft durch dichten Wald in nordwestlicher Richtung zum Dreieckigen Pfahl, einem ehemaligen Grenzpunkt zwischen dem Herzogtum Braunschweig, dem Königreich Hannover und dem Königreich Sachsen. Hier, am Wendepunkt unserer Wanderung, stoßen wir auf den Harzklub-Wanderweg 35 L. Wir verlassen die Dreieckmarkierung und folgen nun der Markierung roter Punkt. Unsere Hauptrichtung ist jetzt Süden.

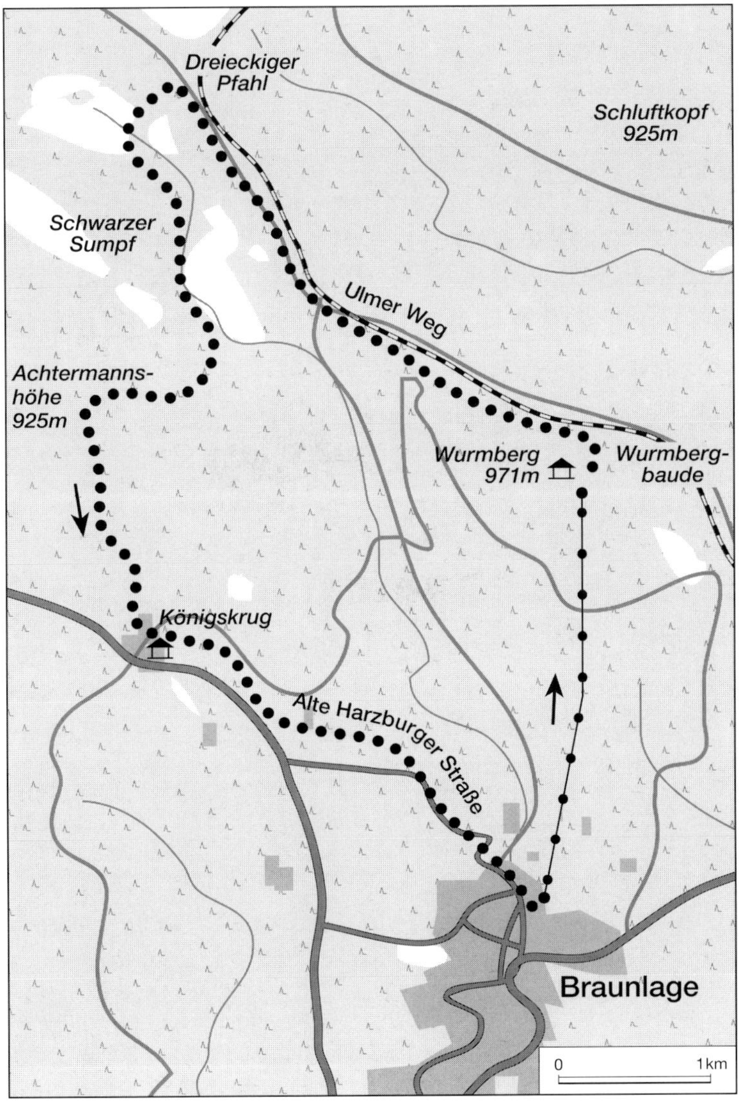

bahn entfallen. Der weitere Verlauf erfolgt auf bequemen Wegen. Der Aufstieg zur Achtermannshöhe erfordert noch etwas Kondition. Der Rückweg über die Alte Harzburger Straße ist wieder recht bequem. Insgesamt eine interessante und nicht sehr anstrengende Rundtour mit vielen Höhenpunkten.

Weglänge: 15 Kilometer.

Gehzeit: 5 Stunden bei Auffahrt mit der Kabinenseilbahn.

Markierung: Wurmberg bis Dreieckiger Pfahl gelbes Dreieck, Dreieckiger Pfahl bis Braunlage roter Punkt, Harzklub-Rundweg 35 L bzw. bei Alter Harzburger Straße 12 D und 31 F.

Höhenunterschied: 350 Meter.

Einkehrmöglichkeiten: Wurmbergbaude und Königskrug.

Die Achtermannshöhe

Zunächst bewegen wir uns durch die Hochmoore „Roter Bruch“ und „Schwarzer Sumpf“ sowie durch das Revier „Düstere Tannen“. Der Name ist symbolisch für die strenge, fast bedrückende Landschaft hier im Talboden der Großen Bode. Wir verlassen den Moorbereich. Linker Hand liegt die Anhöhe Gehren, die sich zwischen das Quellgebiet der Kleinen Bode und den Lauf der Großen Bode schiebt. Wir stoßen auf einen quer verlaufenden Forstweg. Im rechten Winkel zweigen wir rechts, nordwestwärts, ab und kommen zu einer Kreuzung, gehen links weg und halten uns bergauf zum Achtermannstor, einer gewaltigen Felsgruppe. In wenigen Minuten erreichen wir eine Unterstandshütte. Von der Hütte aus steigen wir steil auf einem Pfad zur oft sturmumtosten Achtermannshöhe. Von hier bietet sich ein großartiger Rundblick.

Zum Königskrug

Wir wandern wieder hinunter zur Hütte und durch das Achtermannstor. Nun geht es immer noch auf dem Harzklub-Weg 35 L in südöstlicher Richtung mäßig bergab. In etwa 800 Meter Höhe schwenkt der Moorweg im rechten Winkel nach Südwesten. Jetzt können wir uns fast nicht mehr verlaufen, ganz gleich, ob wir bis zum quer verlaufenden Forstweg gehen oder vorher nach links abzweigen, Hauptsache wir halten uns südwärts, wo wir über der B 4 den Königskrug erreichen. Das ehemalige Forsthaus ist heute Gasthaus. Wir überqueren die Bundesstraße und spazieren auf der Alten Harzburger Straße südostwärts, parallel zur Bundesstraße, allmählich bergab nach Brunnenbach. Auf einer Überführung kommen wir über die Bundesstraße. Wir bewegen uns nun ein Stück parallel zur Bundesstraße nach Süden, um dann ostwärts zu schwenken, weiterhin durch dichten Wald, bis zur Herzog-Johann-Albrecht-Straße in Braunlage. Danach biegen wir rechts in die Bismarckstraße ab und kommen beim Minigolfplatz zur Habsburger Straße. Hier, nördlich vom Brunnen, halten wir uns nach Norden, am Eisstadion vorbei, zum großen Parkplatz an der Wurmbergseilbahn.

Von den Klosterruinen zu den Sachsensteinklippen

12

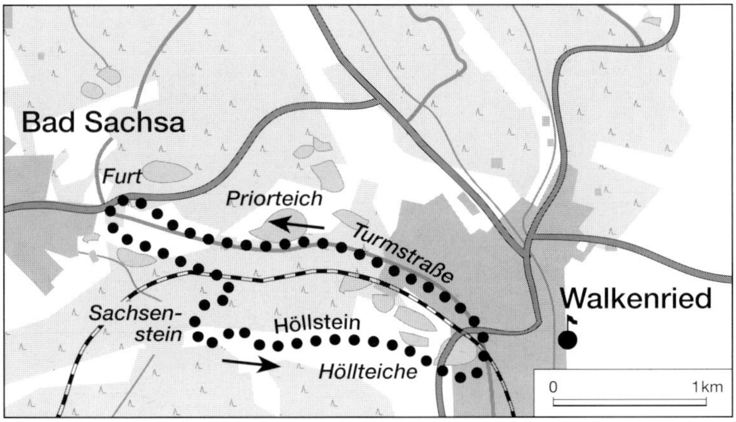

92 Meter hoch und 39 Meter breit ragen die Ruinen der gotischen Klosterkirche von Walkenried über dem Ort auf. Neben dem Hof Kaldenhausen am Kyffhäuser und weiteren Ländereien gehörten zum Kloster auch Gruben, so am Rammelsberg, und sogar Hüttenwerke im Harz. Als die Bauernkriege ausbrachen, flohen die Mönche nach Nordhausen. Das Kloster wurde geplündert. Nach 1570 wurde die Klosterkirche nicht mehr benutzt, und ab 1710 diente sie als Steinbruch. Das in den Jahren 1725 bis 1727 von Herzog August Wilhelm von Braunschweig-Wolfenbüttel gebaute Jagdschloß besteht zum Teil aus Material der Klosterkirche. Im übriggebliebenen Kreuzgang finden alljährlich Konzerte statt, die weithin berühmt sind.

Zu Teichen und Klippen

Die Klosterruine ist der ideale Ausgangspunkt für eine Wanderung durch die ungewöhnlich reizvolle Landschaft im Westen. Wir halten uns auf der Turmstraße, gehen über die Kreuzung und biegen links in die Poststraße ein. Vor den Bahngleisen wandern wir rechts parallel zur Bahnlinie weiter zum Affenteich. Wir folgen der Markierung grünes Dreieck zum Naturwaldre-

Ausgangsort und Zufahrt: Walkenried liegt an der Bahnlinie von Nordheim nach Nordhausen und kann aus Richtung Norden und Nordwesten über die Autobahn Hannover – Kassel, Abfahrt Seesen, und auf der Schnellstraße über Osterode bis Barbis und über Bad Sachsa in Richtung Wieda erreicht werden, aus Süden und Westen über die Autobahn Kassel – Hannover, Abfahrt Göttingen-Nord, und die B 27 bis Barbis, dann wieder über Bad Sachsa. Aus Osten und Nordosten geht es über die B 4 über Bad Harzburg und Braunlage nach Wieda und Walkenried oder Zorge.
Ausgangspunkt: Klosterruine.
Wegverlauf: Klosterruine – Turmstraße – Priorteich – Furt bei Bad Sachsa – Sachsenstein – Höllstein – Höllteiche - Walkenried.
Wegcharakter: Die ganzjährig begehbaren Wege auf dieser relativ kurzen Route sind gut in-

stand gehalten und hervorragend markiert. Das Gebiet erlaubt eine Reihe von Wegvarianten außerhalb der vorgeschlagenen Route.
Weglänge: 8 Kilometer.
Gehzeit: 2 Stunden.
Markierung: Grünes Dreieck und roter Punkt.
Höhenunterschied: 60 Meter.
Einkehrmöglichkeit: Beim Kloster Walkenried.

servat Priorteich, der rechts liegenbleibt. Im Parkbereich sind überall Spalten und Einbrüche, also Erdfälle, wo Wasser den Kalkstein ausgelaugt hat. Über eine leichte Anhöhe stoßen wir bei Furt auf den Waldrand. Vor uns liegt Bad Sachsa mit der Burg Sachsenstein. Wir gehen bei Furt nicht über die Bachbrücke, sondern biegen gleich links ab und halten uns am Hang des bewaldeten Höhenzuges weiter auf eine Serie von Teichen zu, die rechts liegenbleibt. Man blickt auf die Sachsensteinklippen, steil abstürzende Gipsfelsen über dem Uffeflüßchen. Hier gibt es zahlreiche Höhlen. Wir folgen jetzt der Markierung roter Punkt. Vor den Bahngleisen machen wir nach rechts einen Abstecher durch den Hochwald zur Ruine der Burg. Zurück wandern wir zu unserem Forstweg und gehen nach etwa 100 Metern rechts über die Bahngleise. Dann halten wir uns links weiter zu einer Wiesenlichtung, bis wir auf Bänke stoßen. Nun geht es rechts, westwärts durch Buschwald auf einen Querweg zu, auf dem wir uns dann links weiterbewegen. Beschildert ist mit einem Wegweiser zum Ausblick, nach Neuhof, zur Sachseneiche und zum Höllstein. Bei der Kreuzung steht eine Hütte; hier zweigen wir links ab, immer noch der Markierung roter

Punkt nach bis zum Rand der Lichtung. Von der Hütte aus führt uns ein Abstecher zum Aussichtspunkt mit Blick über Bad Sachsa und die Niederungen im Westen. Wir stoßen erneut zum Rand der Lichtung, kommen zu einem Forstweg, gehen links versetzt weiter, ostwärts der Markierung nach. Jetzt haben wir zwei Möglichkeiten: Wir können vom Forstweg aus zunächst am Rande der Lichtung nach Norden wandern. Der Weg schwenkt am Waldrand wieder nach Osten, und wir kommen zur Sachseneiche und dann weiter zu den Höllseen. Wir können auch durch den Wald, also ostwärts, auf einem Pfad über den Höllstein wandern. Der Waldboden bildet ein dramatisches Gewirr von Felsbrocken, Löchern, Spalten und Bukkeln. Schließlich kommen wir zum Waldrand und auf einen Waldrand-Hangweg zu den Höllteichen hinunter und zur Fahrstraße von Neuhof bzw. Branderode her. Wir können nun diese Fahrstraße überqueren und am Röseteich vorbei zum nächsten Bahnübergang gehen, der uns dann direkt zum Kloster zurück leitet, oder aber die Fahrstraße benutzen, um dann bei der Kreuzung rechts in die Turmstraße abzubiegen und ebenfalls zum Kloster zurückzugehen.

Die Sachsensteinklippen sind Teil eines geschützten Gipskarstgebietes, das über 140 vom Aussterben bedrohte Pflanzenarten beheimatet.

Links: Die Ruinen der gotischen Klosterkirche Walkenried sind der Ausgangspunkt unserer Wanderung.

13

Durchs Dammbachtal

Ausgangsort und Zufahrt: Benneckenstein ist mit 530 Meter Höhe die zweithöchste Station der Harzquerbahn zwischen Wernigerode und Nordhausen. Es ist über Abzweigungen von der B 4 und B 242 aus zu erreichen.
Ausgangspunkt: Kirche.
Wegverlauf: Rappbodetal – Dammbachtal – Sophienhof – Waldschlößchen – Benneckenstein.
Wegcharakter: Die Wege sind gut markiert. Etwas schwierig ist das Stück zwischen Dammbachtal und Sophienhof. Hier ist die Markierung insofern verwirrend, als eine ähnlich markierte Route auf dem Umweg über die Eisfelder Talmühle führt. Der Weg ist sehr lang. Es bietet sich aber auf halber Route eine Einkehrmöglichkeit.
Weglänge: 20 Kilometer.
Gehzeit: 6 Stunden.
Markierung: Grüner Balken, blaues Kreuz, gelbes Dreieck, grünes Dreieck.

Die Rappbode durchfließt die Hochebene, in der Benneckenstein an der Harzquerbahn liegt. Weiträumig umrahmen riesige Wälder die hügelige Rodungsfläche. Der Ortsname geht wohl auf Bennico zurück, den Anführer der im 11. und 12. Jahrhundert von Norden her ins Tal vorgedrungenen Holsaden, der sich im Tal der Rappbode auf einem Felsen niederließ.

Ins Rappbodetal

Von der Kirche am Friedrich-Ebert-Platz gehen wir ostwärts bergauf aus dem Ort, der Markierung grüner Balken folgend. Nach den Bahngleisen der Harzquerbahn halten wir uns gleich rechts, kommen an einem einzelnen Haus vorbei und gehen auf den Wald zu. Zwischen losen Fichtenbeständen treffen wir auf eine Unterstellhütte und kommen schließlich in den geschlossenen Wald. Hier wandern wir bergab in einem breiten Wiesental; unterhalb mäandert ein Bach. Rechts sieht man die Bahnbrücke, eine quer verlaufende Forststraße nimmt uns auf, wir halten uns rechts über die Rappbodebrücke im Rappbodetal. Aufwärts steigen wir nun auf breitem Forstweg bis zu einer Kreuzung, an der die Walzenhütte steht. Hier kann man nach Trautenstein gehen. Wir biegen aber nicht rechts ab in Richtung Solborn, sondern gehen in Richtung Dammbachtal. Nach dem langgezogenen Abstieg in den Talboden treffen wir am Talrand auf ein Wanderwegeschild. Von hier zweigen wir rechts ab ins Tal hinunter, überqueren den Bach, gehen auf den Wald zu und stoßen auf die Markierungen gelbes Dreieck und blaues Kreuz. Im Wald erreichen wir rechts eine Bohlenbrücke. Über einen Waldpfad streben wir steil aufwärts, müssen dabei aber auf die Markierungen achten. Der Pfad mündet in einen Waldweg und dieser in einen Forstweg. Von diesem geht es dann rechts ab, wieder auf einem Pfad über eine Anhöhe. Beim Abstieg teilt sich der Weg. Wir folgen nach rechts dem blauen Kreuz steil hinunter zur Forststraße, gehen darüber hinweg über einen Bach, an einer Unterstandshütte vorbei und steigen auf einem Pfad über einen Buckel bergauf. Nach zwei Kreuzungen wandern wir steil abwärts und stoßen erneut auf eine Forststraße, der wir nach links bis zu einer Abzweigung folgen. Hier geht es im spitzen Winkel rechts weg. Wir kommen über die Bahngleise und erreichen die Häuser der 540 Meter hoch gelegenen Wald- und Forstsiedlung Sophienhof. Beim Gasthaus „Brauner Hirsch" können wir einkehren. Dann biegen wir

Höhenunterschied:
Etwa 100 Meter.
Einkehrmöglichkeiten:
Sophienhof „Brauner Hirsch", Waldschlößchen und Benneckenstein.

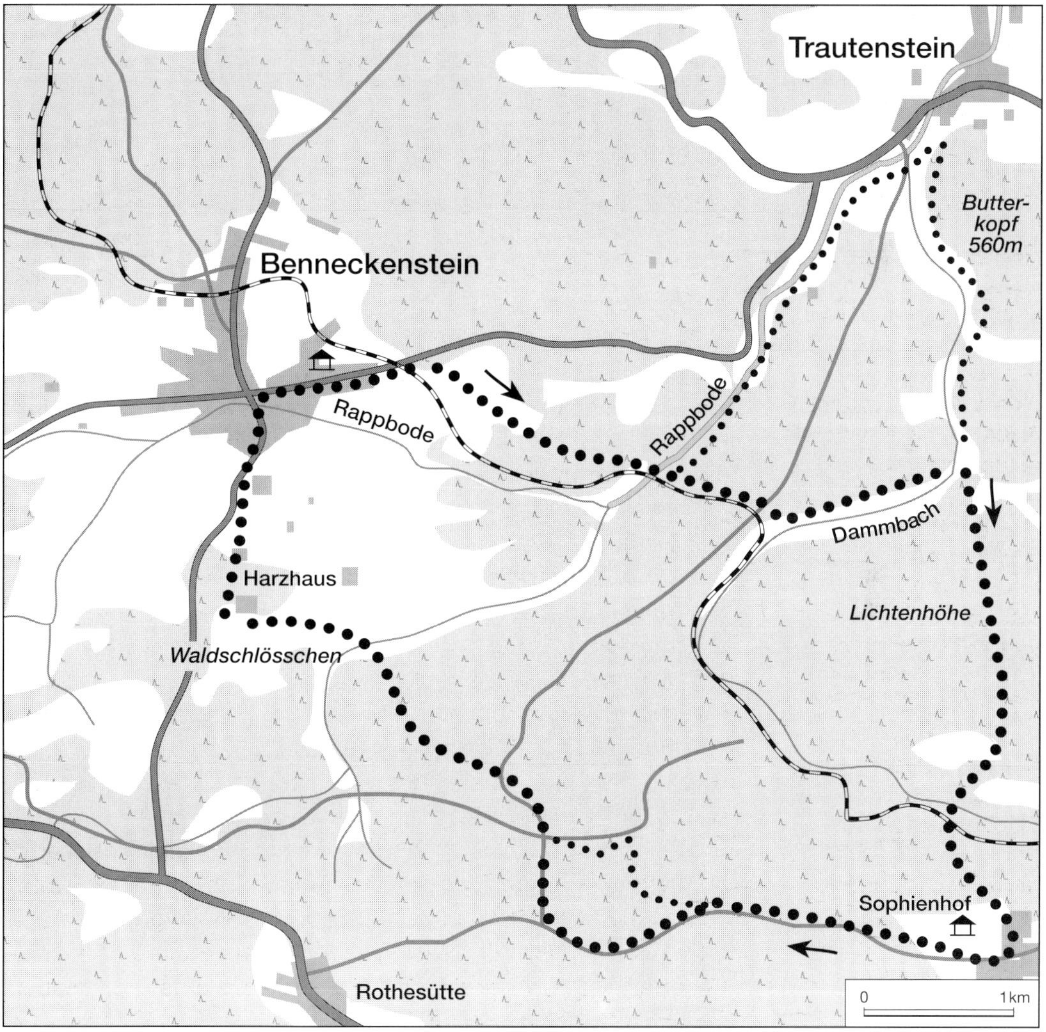

Auf abwechslungs-reichen Waldwegen macht das Wandern auch Kindern Spaß!

rechts ab, die Straße hinunter und im Bogen in den Wald hinein. Wir kommen an einem Wanderparkplatz vorbei, gehen durch eine Senke und wandern so weit, bis linker Hand ein Unterstellhäuschen mit Sitzgruppe zu sehen ist. An dieser Stelle schwenken wir rechts weg von der Straße, der Markierung grünes Dreieck folgend bis zu einer Kreuzung hinunter, die wir geradeaus überqueren. Jetzt wird auch die Markierung grüner Punkt sichtbar. Durch eine Schranke zweigen wir links ab. Es geht bergab und geradeaus über eine Kreuzung in einer Senke. Wir steigen auf eine Anhöhe, wo eine Hütte steht. Steil wandern wir hinunter ins Tal durch eine Schranke, an einer weiteren Hütte vorbei und nach einem Bachlauf linkshaltend aufwärts. An einer Kreuzung des schönen Hangweges steht wieder eine Hütte; hier verläuft auch die Alte Straße, ein ehemaliger Postweg, über Rothesütte nach Ellrich. Ein Stück gehen wir geradeaus weiter. Dann schwenken wir nach rechts zum Waldschlößchen, einem Gasthaus südlich von Bennekkenstein. Von dort aus können wir nordwärts zum Hotel Harzhaus wandern, dann neben der Straße der Markierung blaues Kreuz folgend nach Benneckenstein zurück.

Langer Weg auf den Brocken

14

Wer den Brocken-Talort Schierke ansteuert, trifft schon von weitem auf Werbeschilder für den Schierker Feuerstein. Das ist ein Magenbitter aus 13 Kräutern; als Basis dient Pomeranzenfrucht oder -schale, dazu Kurkuma, Zimt, Nelken, Tausendgüldenkraut, Kardamon, Ingwer, Enzian, Absinth. Sein Name kommt von einer Klippe, einem roten Felsgebilde, das nach einem Tagebucheintrag vom 4. September 1784 auch Goethe besichtigt hat. Goethe stand am 10. Dezember 1777 zum ersten Mal auf dem Brocken. Die nächsten Besuche fanden 1783 und 1784 statt. Am 24. September 1784 schrieb er aus Zellerfeld an Frau von Stein: „Unsere Brockenreise ist glücklich vollendet." Auf seiner Harzreise in diesem Jahr begleitete Goethe der Maler Melchior Kraus aus Weimar, der für die geologisch-mineralogischen Forschungen des Dichters möglichst genaue Zeichnungen von Felspartien anfertigen sollte. Goethe teilte Frau von Stein mit: „Kraus ist mir eine große Hilfe, weil er diese Stücke für mich zeichnet, die sonst bald meinem Gedächtnis entschwinden würden, denn hier ist mein Kopf mit ganz anderen Dingen beschäftigt, hier sind es die Menschen, welche meine Aufmerksamkeit auf sich ziehen." In seinem Faust hat Goethe den Brocken verewigt. Von Elend aus steigen Faust und Mephisto auf den Zauberberg, wo Hexen und Teufel sich zur Walpurgisnacht versammelt haben. Irrlichter begleiten ihren Weg. Unseren Weg begleitet eine großartige Landschaft.

Über die Heinrichshöhe zum Gipfel

An der Brockenstraße am nördlichen Ortsrand von Schierke befindet sich ein großer Parkplatz. Wir gehen auf dem Edelmannhäuweg, der mit einem gelben Dreieck markiert ist, am Wasserwerk vorbei und biegen nach dem Wasserhaus rechts über die Bachbrücke ab. Der Weg „über das Eckerloch" führt 4½ Kilometer weit zum Brocken. Über eine Fahrstraße stoßen wir auf einen Fichtenhang und gehen neben einer Bach-

Ausgangsort und Zufahrt: Schierke liegt wenige Kilometer nördlich der B 27, die von Braunlage über Elend, Königshütte und Elbingerode nach Osten verläuft. Wir folgen von Elend aus also dem Lauf der Kalten Bode die wenigen Kilometer nach Schierke hinauf.
Ausgangspunkt: Parkplatz am Nordrand von Schierke, an der Brockenstraße.
Wegverlauf: Brockenstraße – Edelmannhäuweg – Eckerloch – Brockengipfel – Brockenbahntrasse – Königsberger Weg – Brockenstraße.
Wegcharakter: Der Aufstieg zum Brocken ist kürzer als der Abstieg, aber mühsam, und er verläuft über sehr schlecht begehbare, steile, steinige Pfade und Wege, das letzte Stück auf einer befestigten Fahrstraße. Der Abstieg ist länger und bequemer, vor allem nach dem Ende des Grenzzaunes auf einer breiten, aussichtsreichen

Forststraße. Durch den Bahnbetrieb kann der Brocken das ganze Jahr über besucht werden, über die Brockenstraße auch im Winter.
Weglänge: 16 Kilometer.
Gehzeit: 5 Stunden.
Markierung: Gelbes Dreieck, sonst keine; die in der Karte angegebenen Markierungen stimmen nicht.
Höhenunterschied: 525 Meter.
Einkehrmöglichkeiten: Hotel und verschiedene Imbisstuben am Brocken.

schlucht steil aufwärts. Dann kommen wir über die Bahngleise der Brockenbahn, die regelmäßig über Schierke den Brocken ansteuert. Über eine Bachbrücke erreichen wir wieder die Brockenstraße. Wir gehen geradeaus darüber und weiter steil hinauf. Am Eckerloch empfängt uns eine wilde Landschaft: verdorrte und verkrüppelte Fichten, Steinbrocken, Strauchwerk; der Weg ist durch Geländer gesichert – zum Schutze der Natur, nicht der Menschen. Erneut erreichen wir die Fahrstraße, gehen wieder über die Bahngleise und in weitem Bogen zum vollständig verbauten Gipfel. Es gibt hier das Brockenhotel, mehrere Imbißstuben, einen Aussichtsturm, die Wetterwarte, den Fernsehsender und das Brockenmuseum. Ein eigens angebrachter Rundweg führt um das Gipfelplateau am Brockenbahnhof vorbei. Zu jeder Jahreszeit tummeln sich hier die Ausflügler in großen Scharen. Der Rückweg führt uns zunächst wieder zu den Bahngleisen, dort, wo die Straße sie am Fuße des Gipfelaufbaus überquert. Jetzt halten wir uns aber rechts, folgen den Gleisen und spazieren auf einem Pfad linker Hand

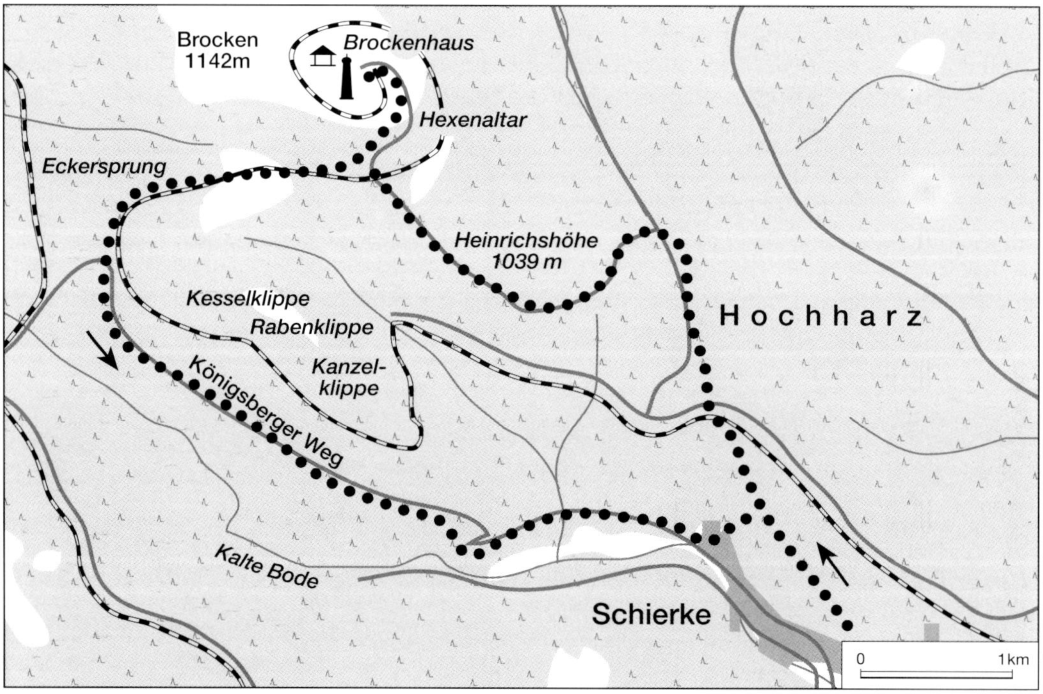

von der Bahnlinie und rechts von den Grenzzäunen, die man zum Schutze der Natur belassen hat. Wo sie enden, weitet sich der Blick, und ein Weg, den wir ignorieren, zweigt nach rechts talwärts ab. Wir schlagen rechts den zweiten ein, den Königsberger Weg, der uns erst südwärts bergab führt und dann nach Osten schwenkt. Am hohen Hang spazieren wir in einer breiten Schneise bergab. Rechter Hand grüßen die Gipfel des Großen Wurmberges und der Achtermannshöhe. Wir stoßen auf die Fahrstraße, gehen rechts weiter, und nach einer Spitzkehre erreichen wir das Wasserwerk und den ersten Teil unseres Anstiegsweges, der uns zum Parkplatz zurückführt.

Wurzelwerk, Steinbrocken und Fichtenwald charakterisieren den Aufstieg zum Brockengipfel.

15

Ilsetal, Plessenburg und Ilsenstein

Ausgangsort und Zufahrt: Die B 6 verläuft am Nordrand des Harzes von Goslar über Bad Harzburg ostwärts – bei Stapelburg wird eine Umgehungsstraße gebaut – und über Ilsenburg nach Wernigerode. Ilsenburg liegt also auf halber Strecke zwischen Bad Harzburg und Wernigerode, und von hier steigt der Harz auf nicht mehr als 10 Kilometer Luftlinie von 250 auf 1150 Meter steil an.
Ausgangspunkt: Marktplatz von Ilsenburg.
Wegverlauf: Mühlenstraße – Ilsetal – Ilsefälle – Bremer Schutzhütte – Plessenburg – Ilsenstein – Ilsenburg.
Wegcharakter: Der Weg durchs Ilsetal ist eine dramatische Route, aber gut zu gehen, und wem der angelegte Pfad neben dem Fluß zu beschwerlich ist, kann die Fahrstraße benutzen, wobei einiges an Reiz verloren geht. Der Aufstieg über die Plessenburg ist bequem und verläuft auf Forstwegen. Auch der Weiterweg am

„Ich bin die Prinzessin Ilse und wohne am Ilsenstein, komm mit mir nach meinem Schlosse, wir wollen seelig sein." Das schrieb Heinrich Heine anläßlich seiner Harzreise im Jahre 1824, bei seiner Wanderung von Ilsenburg durch das Ilsetal zum Brocken. In der Felswildnis des Brocken entspringt ein Bergbach, der über Stock und Stein zu Tale rauscht. Es ist die Ilse. Unten, nicht weit vom ehemaligen Kloster Ilsenburg, ragt ein Fels empor, der mit einem eisernen Kreuz geschmückt ist. Das ist der Ilsenstein. In diesem Steine wohnt die Nixe des Flüßchens, die Jungfrau Ilse.

Zu den Wasserfällen

Vom Marktplatz in Ilsenburg gehen wir über die Breitscheidstraße zur Mühlenstraße und vorbei an Schloß und Kloster, Blochhauer und Nagelhütte zum Parkplatz am Kurpark. Die Nagelhütte hatte im 16. Jahrhundert eine Vorläuferin. Über dem Schild mit der Jahreszahl an der Nagelhütte ist ein kleines eisernes Männchen in den Hausgiebel eingemauert. Wie eine Sage erzählt, machte in der Nagelhütte einst ein geiziger Hüttenherr seinen Arbeitern das Leben schwer. Keiner konnte es ihm recht machen und seine Grobheit kannte keine Grenzen. Als er eines Tages einen Lehrjungen mit harter Hand niederschlug, so daß der sich lange nicht wieder erholen konnte, beschlossen die Arbeiter, ihren Herrn zu töten. Als dieser am anderen Morgen wieder fluchend und scheltend in der Nagelhütte erschien, durchbohrte ihn der Geselle mit einer glühenden Eisenstange, so daß er tot zu Boden fiel. Auf dem alten Friedhof ist heute der Grabstein zu sehen, in dem dieser Meister in Sandstein gehauen steht und ein tiefes Loch in der Brust hat. Unser Weg durchs Ilsetal führt eigentlich immer parallel zur Fahrstraße auf einem Pfade, entweder links oder rechts des Flusses, den Markierungen blaues Kreuz und grüner Balken nach. Auf diese Weise kommen wir zum Zantherplatz mit Denkmal. Hier geht es rechts zur Ilsenburg. Wir wandern auf dem sogenannten Bremer Weg am Bach entlang im engen, felsdurchsetzten Tal aufwärts, auf den Spuren Heinrich Heines, der den Brocken bestieg. Erneut kommen wir über eine Brücke und auf die Fahrstraße, wo sich die Markierungen grüner Balken und rotes Dreieck fortsetzen. Der Uferpfad steigt an und leitet erneut über eine Brücke zum ersten kleinen Wasserfall. Ein Gedenkstein erinnert an Heinrich Heine, und an einer Engstelle erreichen wir die unteren Wasserfälle. Dann weitet sich das Tal, der Lauf des Flusses wird sanfter, und wir kommen zur Bremer Schutzhütte. Eine Lichtung tut sich auf an einer Kreuzung, und wir halten uns links auf dem Forstweg aufwärts. Die Beschilderung führt zur Plessenburg; die Markierung ist ein rotes Dreieck. Erst steigen wir durch Niederwald bergan und dann, kaum merklich, aber stetig bergab, immer noch hoch über dem Tal des Flusses, zwischen Felstrümmern hindurch. Wir kommen dort, wo die Dreieckkreuzung nach links weist, zu einer Lichtung und halten uns rechts hoch. Auf die Entfernungsangaben

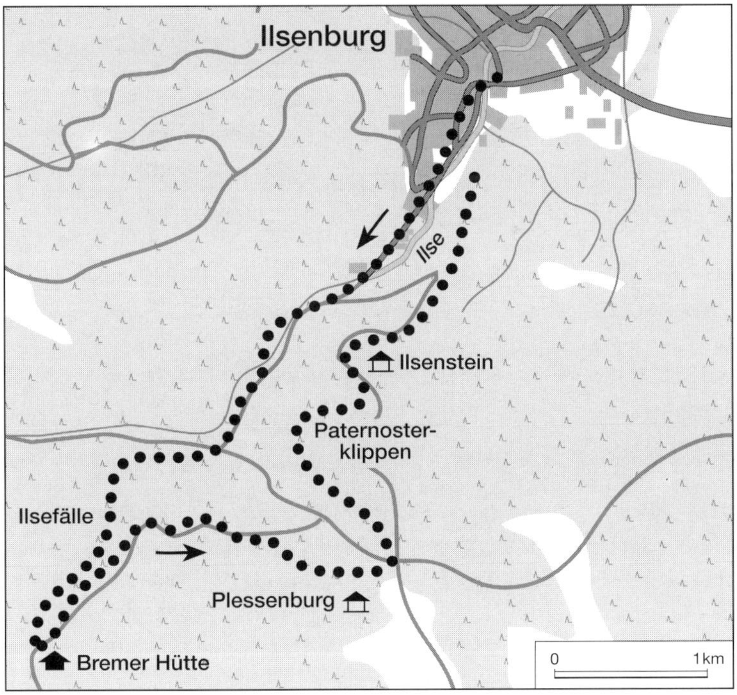

Hang über dem Tal ist gut zu gehen. Die Wanderung ist nicht allzu lang.

Weglänge: 10 Kilometer.

Gehzeit: 3 Stunden.

Markierung: Blaues Kreuz, rotes Dreieck, roter Balken, grüner Balken, grünes Dreieck und grünes Kreuz.

Höhenunterschied: 300 Meter.

Einkehrmöglichkeiten: Plessenburg, Gasthaus „Ilsenstein".

Der Weg zur aussichtsreichen Klippe des Ilsensteins ist mit einem Geländer geschützt.

Rechts: Die Ilsefälle mit ihren Schnellen und Kaskaden haben seit Heinrich Heine schon viele Wanderer bezaubert.

der Wegweiser sollte man sich nicht verlassen: Wenn hier die Entfernung zur Ilsenburg mit 1 Kilometer angegeben ist, so ist sie 500 Meter weiter mit 1½ Kilometer bezeichnet. Durch lichten Mischwald kommen wir schließlich zur Plessenburg, einem 1776 als Jagdhaus erbauten Forsthaus. Ein Herr von Pleß ist der Namensgeber. Hier steht auch das Waldgasthaus. Wir zweigen rechts ab auf einen Waldpfad, der in einen Forstweg mündet, dann links weiter, der Markierung roter Punkt nach.

Über den Ilsenstein zurück

Bei einer Mehrfachkreuzung halten wir uns geradeaus auf einem Waldweg, der bergab leitet, an einem wunderschönen Hang über dem tiefen Ilsental. Niederwald begleitet uns; und der erste markante Aussichtspunkt ist die Paternosterklippe. Ein Geländer schützt vor dem Abgrund. Nun wandern wir steiler bergab durch Hochwald, geradeaus über eine Kreuzung,

und ein Pfad am Steilhang leitet zu einem Waldweg und zum Gasthaus „Ilsenstein“. Davor erreichen wir die langgezogene, geländergeschützte Klippe mit dem Kreuz am Ende, den Platz einer ehemaligen Burg, die im Jahr 1007 zum ersten Mal genannt wurde. Der Felsen, 150 Meter über dem Talboden, ist beeindruckend. Die Burg ist Urkunden zufolge von der ehemaligen Reichsburg, dem späteren Kloster Ilsenburg, aus errichtet worden. 104 Jahre nach ihrem Bau wurde sie auf Befehl des Papstes zerstört. Erst 1955 gelang es, den Standort wieder ausfindig zu machen. Vom Gasthaus „Ilsenburg“ führt uns nun ein breiter Forstweg am Hang und am Adlerfelsen vorbei hinunter ins Tal, wo wir über die Ilsenbrücke kommen und wieder auf der Mühlenstraße sind. Wir können einen Abstecher zum ehemaligen Schloß und Kloster Ilsenburg machen. Was man heute sieht, wurde mit Ausnahme der Neubauten des 19. Jahrhunderts in den Jahren 1120 bis 1176 errichtet. Über die Breitscheidstraße kommen wir wieder zum Marktplatz zurück.

16

Zum Michael- und zum Regenstein

Ausgangsort und Zufahrt: Elbingerode liegt im Unterharz oder Niederharz, wenige Kilometer südlich der Harzrandstadt Wernigerode und ist am besten auch über Wernigerode oder Blankenburg zu erreichen. Die Harzquerbahn kommt von Blankenburg über Hüttenrode, Rübeland nach Elbingerode.
Ausgangspunkt: Bahnhof oder Rathaus Elbingerode.
Wegverlauf: Elbingerode – Jasperode – Klostergrund – Kloster Michaelstein – Regenstein – Blankenburg – Bahnhof – Zugfahrt Rübeland – Elbingerode.
Wegcharakter: Der Weg ist sehr gut zu gehen. Es ist eine lange Wanderung durch eine überwiegend reizvolle Landschaft mit teils dramatischen Höhepunkten. Lediglich der Übergang vom Kloster Michaelstein zum Regenstein führt über einen langweiligen Weg durch die Ebene, in der der Goldbach fließt. Auch der Abstieg vom Micha-

Auf dem Regenstein, der uralten Felsenburg am Niederharz, saßen Grafen, die ein Hirschgeweih in ihrem Wappen führten. Einer, Friedrich genannt, blieb kinderlos und trauerte darüber, daß sein Geschlecht aussterben sollte. Nun gab es bei der Burg einen tiefen Brunnen. Da hinein war der Geist des Ahnherrn gebannt, der bisweilen Rat erteilte und künftige Ereignisse voraussagte. Um die Mitternachtsstunde eines Maientages ging Graf Friedrich zum Brunnen, und der Geist des Ahnherrn erschien und sprach: „Was ihr erhoffet, wird euch erfüllt." Da fragte der Graf den Geist, ob für ihn keine Ruhe und Erlösung zu hoffen sei und der antwortete: „Wenn der Regenstein zu Trümmer wird, werde ich Ruhe finden." Im selben Jahr schenkte Friedrichs Gemahlin dem Grafen einen Erben. Der wurde Konrad genannt. Im darauffolgenden Jahr wurde ein zweiter Knabe geboren, der Helmolt hieß. Bei dessen Geburt erschien der Geist des Ahnherrn und sagte: „Dieses Kind wird meine Erlösung bewirken." Weil die Erziehung Helmolts vernachlässigt wurde, entfloh er. Der Bursche wurde Räuberhauptmann und verlangte nach seiner Eltern Tod von seinem Bruder Konrad sein Erbteil, das dieser ihm aber verweigerte. Helmolt eroberte mit seiner Schar die Burg, zwang seinem Bruder das Erbteil ab und verleitete ihn dazu, ebenfalls ein Wegelagerer zu werden. Daraufhin belagerte der Herzog von Braunschweig die Burg und zerstörte das Raubnest. Da stieg der Geist des Ahnherrn zum letzten Mal aus dem Brunnen des Regensteins und kam zu seiner ewigen Ruhe. Wir wollen uns dieses Felsennest bei unserer Wanderung anschauen.

Über den Volkmarskeller in den Klostergrund

Das Rathaus von Elbingerode ist Ausgangspunkt unserer Wanderung. Wir wandern nordwärts die B 244 entlang und biegen nach der Kurve rechts zum Kahlenberg ab. Über die Felder

elstein und das Wegstück zum Bahnhof Blankenburg sind nicht sonderlich interessant. Die Fahrt mit der Harzquerbahn ist ein Erlebnis und die Zwischenstation in Rübeland, das zwischen Felswänden in einem Talkessel liegt, bietet viel Sehenswertes.

Weglänge: 15 Kilometer.

Gehzeit: 4½ Stunden.

Markierung: Roter Punkt.

Höhenunterschied: 250 Meter.

Einkehrmöglichkeit: Am Regenstein.

Vorherige Seite: Rübeland ist eine der malerischen Zwischenstationen bei einer Fahrt mit der Harzquerbahn.

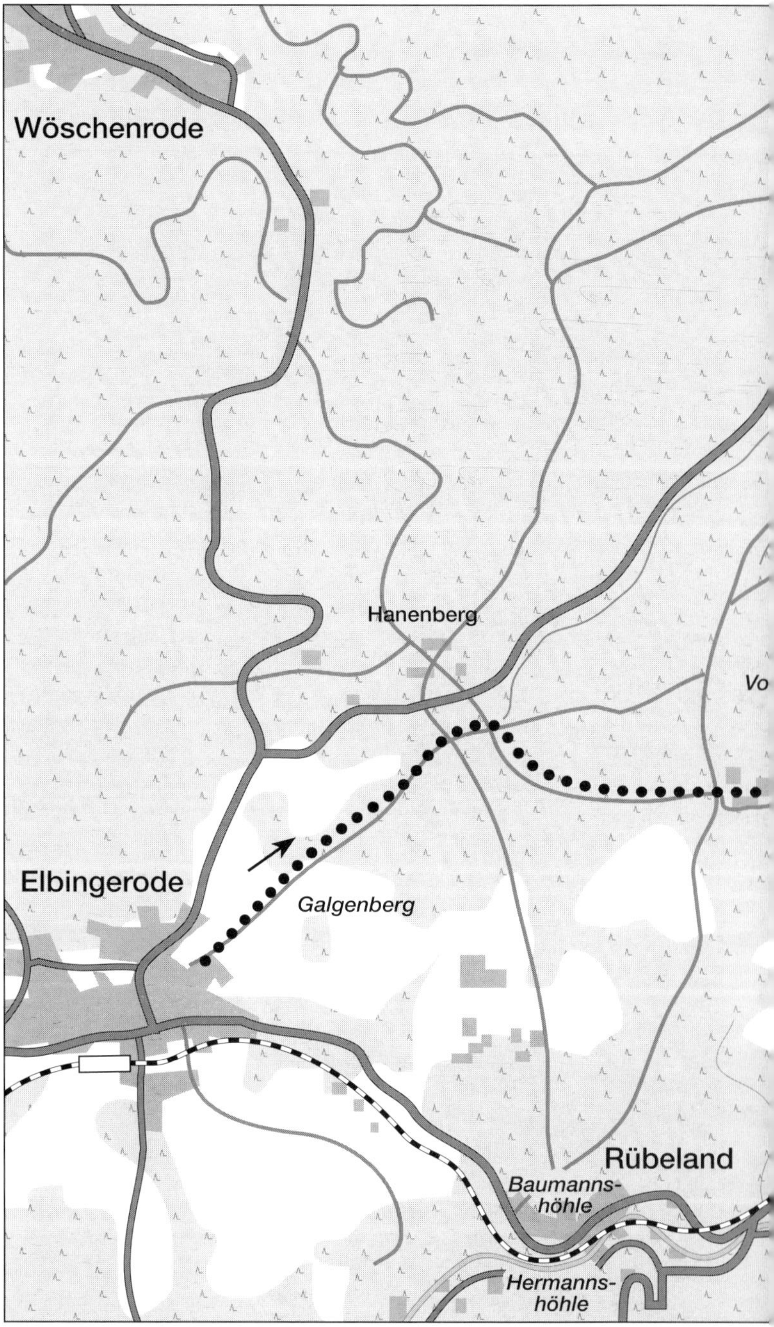

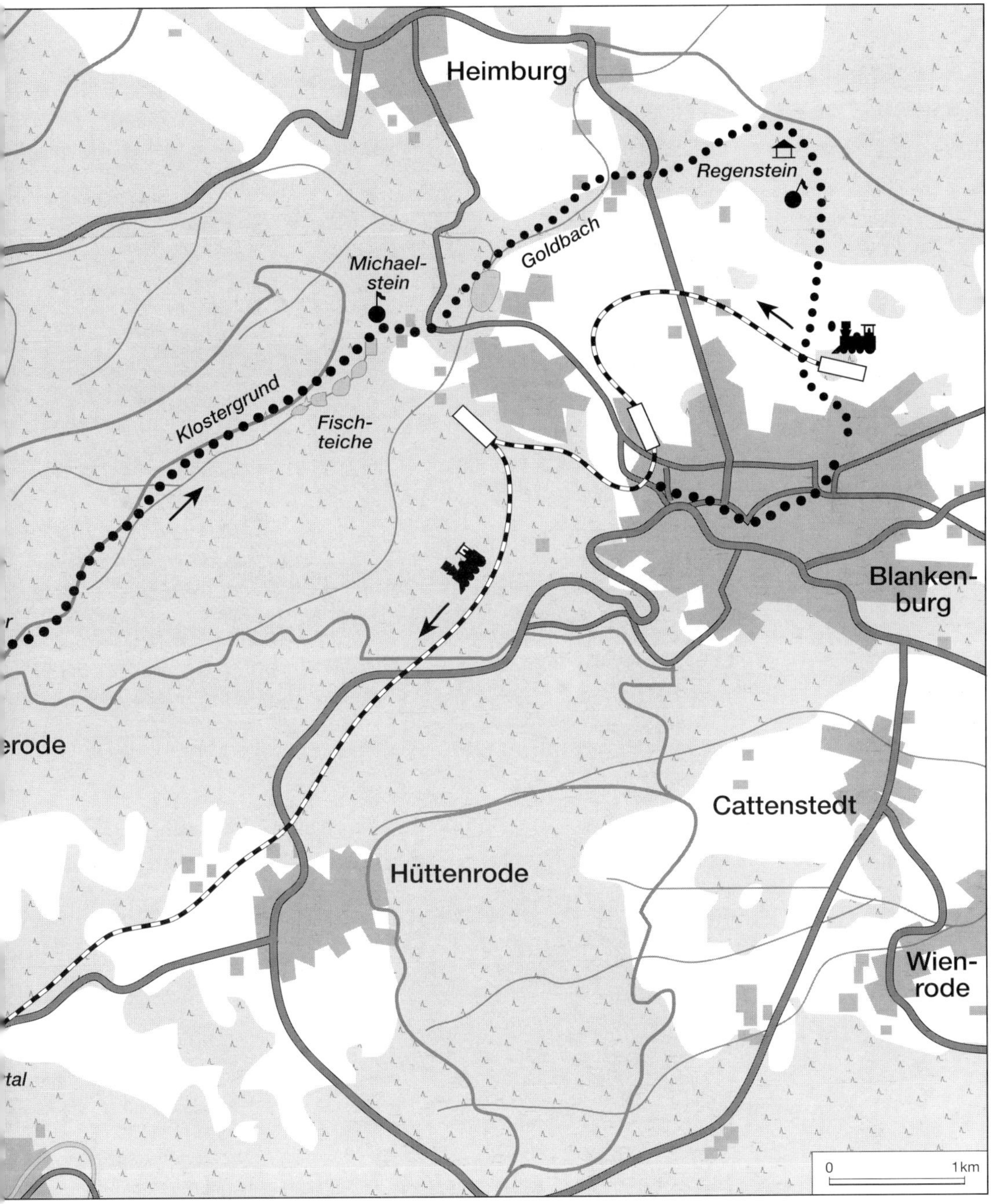
Heimburg
Regenstein
Goldbach
Michael-
stein
Klostergrund
Fisch-
teiche
Blanken-
burg
erode
Cattenstedt
Hüttenrode
Wien-
rode
tal
0
1 km

Durch den Klostergrund erreicht man den Klosterort Michaelstein.

Rechts: Aussicht von der Burg Regenstein.

geht es dann in nordöstlicher Richtung in den Wald hinein und zu einer Lichtung mit Sitzgruppe und Hütte. Bei einer Dreieckkreuzung halten wir uns rechts und spazieren ostwärts auf einem breiten Forstweg durch den Fichtenwald. Es geht stetig leicht bergab zu einer hochgelegenen Rodungsfläche der Markierung roter Punkt nach.

Durch den Klostergrund zum Michaelstein

Wir kommen zum Bungalowdorf „Jasperode" und gehen zwischen den Häusern hindurch; ein Weiher bleibt links liegen, danach verzweigt sich der Weg. Wir halten uns links in Richtung Michaelstein, kommen durch eine Schranke über einen Bach wieder in den Forst und spazieren weiter bergab. Der Bachlauf des Klostergrabens begleitet uns. An einer Quelle vorbei stoßen wir auf Stauteiche. Hier mündet der Rippenbach in den Klosterbach; wir wenden uns kurz nach links, um dann gleich rechts vom Forstweg abzuzweigen und einen Geländerweg in Serpentinen hinaufzusteigen. Wir kommen zu einer Höhle, die

Volkmarskeller genannt wird, einer ehemaligen Höhlenkirche. Drüber befinden sich die Ruinen des ersten Klosters Michaelsteins. Wir gehen dann zurück bis zur Kreuzung bei den Stauteichen und wandern geradeaus im Klostergrund bergab. Der gräbt sich in eine Schlucht und fließt zwischen Felsbarrieren hindurch, bis sich das Tal weitet. An Fischteichen vorbei kommen wir dann zum Kloster, in dem heute eine Theaterschule untergebracht ist. Die romanische bis frühgotische Anlage aus dem 12. Jahrhundert wurde im Baustil der Grauen Bauernmönche des Zisterzienserordens errichtet. Heute können wir im Kloster auch das Instrumentenmuseum und einen Kräutergarten besichtigen. Wir durchqueren das Klostergelände, kommen auf eine Fahrstraße, halten uns ein paar Schritte links, um dann rechts zum Mönchsmühlenteich abzuzweigen. Vor der Fabrik halten wir uns links und gehen bei der Gärtnerei hinaus ins Feld, wo wir vor einer Überlandleitung bei einer Baumreihe eben weiterwandern. Vor uns sieht man bereits auf einem Höhenzug die Felsen des Regensteins. Wir müssen die B6 überqueren und gehen an den Ausläufern des Waldes, der zum

Höhenzug hinaufleitet, bergan. Bald stoßen wir auf den Graben der Regensteinmühle, der mit dem Mönchsmühlweiher verbunden war und jetzt zum Teil restauriert ist. Ein Geländerweg führt daran entlang bis zur ehemaligen Mühle aus dem 12. Jahrhundert, die zwei im Fels hängende Mühlräder hatte. Mühlbackhaus und Antriebsräder sollen wieder instand gesetzt werden. Von hier folgen wir der Markierung Hirschgeweih, die an das Wappen der Regensteiner Grafen erinnert, steil bergauf zur Zufahrt der einstigen Festung. Durch das Burgtor gehen wir in den groß angelegten Festungsbereich hinein, können im Gasthaus einkehren oder das Burgmuseum besichtigen und weit ins Land schauen. Beim Weiterweg gehen wir wieder durchs Burgtor die Zufahrt hinunter, am Parkplatz vorbei und biegen dann in die Weinbergstraße ein, die über die Bahngleise der Harzquerbahn zur Friedensstraße und links zum Bahnhof leitet.

Mit der Harzquerbahn zurück

Hier steigen wir in den Zug, der in etwa stündlichen Abständen verkehrt, und fahren nach Rübeland. Dort lohnt es sich, die Fahrt zu unterbrechen, denn in der Baumannshöhle bietet sich Höhlenromantik aus der Vorzeit. Wiederentdeckt wurde die Höhle schon im 16. Jahrhundert von einem Bergmann. Er war auf der Suche nach Eisenerz drei Tage durch die Höhle geirrt, ehe er wieder herausfand und von der Schönheit dieser Höhle berichten konnte. Heute ist der Weg in der ältesten deutschen Schauhöhle immer noch nicht ganz unbeschwerlich, denn es geht zunächst durch einen 74 Meter langen Gang, der 25 Meter ansteigt, bevor sich dem Besucher die eigentliche Höhle öffnet. Leuchterschlucht, Palmengrotte, Schildkrötenschlucht, Säulenhalle, Goethesaal und Wolfgangsee sind Stationen des Rundganges. In einem kleinen See leben Grottenolme. Danach steigen wir wieder in den Zug und fahren nach Elbingerode zurück, wo wir vielleicht vom Schaubergwerk Büchenberg aus den Spuren des bergbaugeschichtlichen Lehrpfades folgen können, denn im Bereich von Elbingerode gibt es viele Zeugnisse einer tausendjährigen Bergbaugeschichte.

Rabensteiner Stollen und Dreitälerblick

17

Der Name des Ortes kommt von den Bielsteiner Grafen, die um 1100 auf dem Burgberg die Ilburg erichteten. Danach nannten sie sich die Ilburger. Auf einem Pfeiler am Ausgang des Behretal stand eine „ewige Lampe", die Elger I. als Sühne für eine Mordtat stiftete. Sein Sohn wählte nach seiner Hochzeit mit einer Orlamünderin die Burg Hohnstein als Wohnsitz und erbaute dann nach einer glücklich beendeten Wallfahrt nach Jerusalem im Gefolge Heinrichs des Löwen 1189 das Kloster Ilfeld anstelle der „ewigen Lampe". Prämonstratensermönche zogen hier ein. Im Bauernkrieg 1525 wurde das Kloster gestürmt, der letzte Abt trat 1546 zum Protestantismus über und richtete eine Klosterschule ein.

Zum Rabensteiner Stollen

Wir beginnen unsere Wanderung am Nordrand von Ilfeld hinter dem Krankenhaus, unterhalb des Kaulberges über kaum ansteigende Wald- und Wanderwege. Es geht links hinter der Papierfabrik am kleinen Haus am Wald weiter, vorbei am Ottostollen bis zum Hauptfuhrweg in das Fischbachtal. Hier kommen wir über einen unbeschrankten Bahnübergang der Harzquerbahn und halten uns gleich scharf rechts hinter dem Waldbad und Viadukt vorbei zum Richterstollen hin. Hier überqueren wir die Hauptstraße und gehen etwa 50 Meter zurück über die Behrebrücke. Links führt uns ein Weg direkt zum Rabensteiner Stollen und zum Bahnhof Netzkater. Der 1750 angelegte Stollen vermittelt einen Eindruck von den historischen Abbaumethoden. Man kann im Gesteinsverband das Steinkohlenflöz deutlich sehen. Am Stollen wandern wir ostwärts auf dem Waldweg den Hang hinauf, den Markierungen grüner Punkt und rotes Viereck sowie blaues Kreuz folgend. Buchenwald umgibt uns. Nach einem Wegbogen zweigt rechts ein Pfad steil bergauf. Ab jetzt bleiben nur noch die Markierungen grüner Punkt und blaues Kreuz übrig. Auf schmalem Pfad

Ausgangsort und Zufahrt: Ilfeld liegt an der Harzquerbahn, an der B 4, am Südrand des Harzes, unmittelbar nördlich von Nordhausen im Behretal.
Ausgangspunkt: Neanderklinik.
Wegverlauf: Ilfeld – Behretal – Rabensteiner Stollen – Rabensteiner Netzkater – Dreitälerblick – Rabenkopf – Bielsteine – Kaulberg – Ilfeld.
Wegcharakter: Der Abschnitt bis zum Rabensteiner Stollen ist eine Talwanderung, die zu jeder Jahreszeit begehbar ist. Der Aufstieg zum Dreitälerblick ist etwas anstregend und steil. Es sind gut 200 Höhenmeter in einem Zug zu überwinden. Die übrigen Wege sind gut begehbar und markiert.
Weglänge: 12 Kilometer.
Gehzeit: 3½ Stunden.
Markierung: Gelbes Viereck, grüner Punkt, blaues Kreuz.
Höhenunterschied: 300 Meter.
Einkehrmöglichkeiten: Keine.

führen die Serpentinen den Steilhang aufwärts, teilweise sogar ausgesetzt über den Felswänden des Behretales. Bei einer Abzweigung halten wir uns links – nach rechts könnten wir nach Ilfeld zurück absteigen – und sind am Dreitälerblick, einem Aussichtspunkt hoch über dem Behretal, dem Tal des Brandesbaches und des Schuppenbaches, gut 200 Meter über dem Talboden. Wir gehen über die Lichtung des Plateaus, kommen wieder in den Wald und zweigen vom Waldweg auf einen Hangpfad. Wir haben den 454 Meter hohen Rabenkopf überwunden. Über Stufen geht es zu einem quer verlaufenden Waldweg, links dann auf einen etwas breiteren Steilhangpfad und zu einem Grat. Auf diesem halten wir uns rechts, ostwärts. Der Höhenweg leitet zu einem Wegedreieck. Wir folgen der Forststraße zu einer Lichtung mit einer Unterstellhütte und gehen links abwärts. Geradeaus kommen wir auch nach Ilfeld und zwar über die Wetterfahne und den „Gänseschnabel“, einer interessanten Felsformation. Links zweigt der Weg über den Kaulberg ab, dem wir folgen. Wir wandern nun südwärts bergab auf einem Hangweg, der aussichtsreich ist und zu einer „Esel“ genannten Abzweigung leitet. Die Bielsteine sind ein Felsgebilde mit einem Aussichtspunkt ins Tal. Jetzt wandern

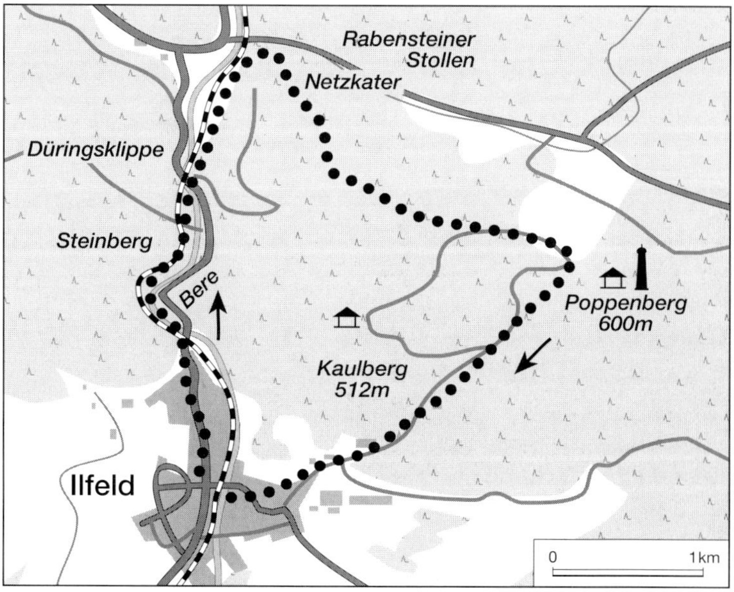

wir am Bach entlang weiter bergab. Bei einer Ferienheimanlage kommen wir zu den Sportplätzen und nach Ilfeld zurück zum Gasthaus „Falkenstein", zum Gasthaus „Poppenburg" und über die Bahngleise in die Stopstraße. Hier rechts, vorbei am Gasthaus „Zur Tanne", auf die B 4, dann in die Ilgerstraße und zur Neanderklinik zurück.

Die Harzquerbahn verkehrt seit dem 27. März 1899 zwischen Wernigerode und Nordhausen durch das Gebirge und gilt heute als eines der bedeutendsten technischen Denkmäler in Deutschland.

18

Zur Nordhäuser Talsperre und zur Ebersburg

Ausgangsort und Zufahrt: Neustadt wird die Perle des Südharzes genannt. Der Ort liegt in einem offenen Tal, am Fuße der Burgen Hohnstein und Heinrichsburg, 10 km nordöstlich von Nordhausen. Neustadt kann man über Buchholz bzw. Niedersachswerfen-Harzungen erreichen. Bahnverbindung gibt es von Northeim, Kassel, Erfurt, Halle, Wernigerode über Nordhausen, Straßenzufahrten über die B 243 Seesen – Nordhausen, über die B 4 Braunschweig – Nordhausen, die B 4 Erfurt – Nordhausen, die B 80 Halle – Nordhausen und die B 81 Magdeburg – Halberstadt – Ilfeld. Neustadt besitzt keinen eigenen Bahnanschluß. Es gibt aber Busverbindungen mit den Bahnstationen Nordhausen, Niedersachswerfen und Ilfeld.
Ausgangspunkt: Parkplatz vor dem Stadttor.
Wegverlauf: Alte Poststraße – Talsperre – Krebsbach – Ebersburg – Krebsbach.

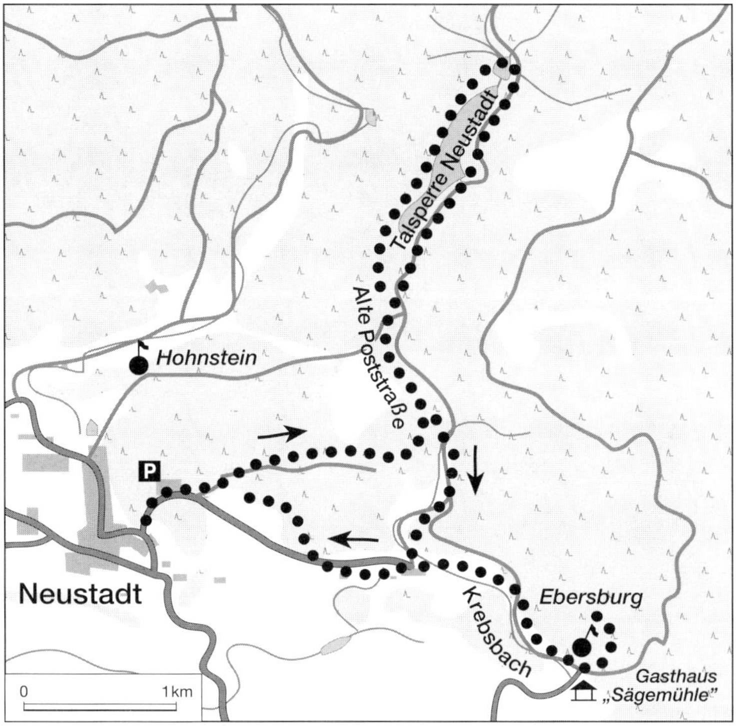

Die 1120 erbaute Burg über der Stadt brannte 1627 schon aus. Erhalten sind Teile der Oberburg, das Eingangstor zur Unterburg, der innere Burghof und Reste des Bergfrieds. Das Jagdhaus im vorderen Burghof ist ein beliebtes Wanderziel.

Durch die Stadt zum Postweg

Nachdem wir vom Parkplatz vor dem Stadttor durch das Tor aus dem 14. Jahrhundert spaziert sind, erreichen wir über die Steinstraße den Ratskeller. Wir kommen zur St.-Georgs-Kirche, die 1695 erbaut wurde, und biegen in die Badstraße ein. Beim Krankenhaus verlassen wir die Badstraße und gehen auf der Harzstraße bzw. durch den Lönspark. Dann folgen wir der Schachtstraße bis zum Felsentor, einem roten Porphyrfelsen, der die Straße und das Tal des Kleinen Baches einengt. Gleich hinter dem Tor erhebt sich der Porphyrkegel, auf dem einst die Heinrichsburg stand. Von ihr sind nur noch ein paar Mauerreste übriggeblieben. Wir spazieren nun durch schönen Mischwald und durch ein altes Bergbaugebiet. Hier wurde von 1730 bis 1870 Steinkohle abgebaut, die man in den Nordhäuser Brennereien, in Salinen und im Kupferschieferbergbau verwendete. Die schmale Schachtstraße steigt jetzt kräftig an. Rechts und links finden sich immer wieder Zeugen des Bergbaues, sogenannte Pingen. Nach etwa 2½ Kilometer kommen wir in 400 Meter Höhe auf die Alte Poststraße, auf der wir aber nur 300 Meter bleiben. Diese Straße war im Mittelalter eine wichtige Verbindung zwischen dem Süd- und dem Nordharz. Zwischen 1700 und 1860 wurde der Weg als Postverbindung zwischen den Residenzstädten Sondershausen und Braunschweig benutzt. Wir verlassen die Poststraße, folgen also der vom Harzklub eingerichteten Markierung mit schwarzer Schrift auf weißen Blechschildern und kommen nach wenigen Minuten in das Tiefe Tal. Im Talgrund sehen wir den Krebsbach und die Straße, die von Neustadt zur Talsperre führt, aber für den öffentlichen Verkehr gesperrt ist. Während die Straße auf der rechten Talseite bleibt, spazieren wir auf der linken Seite des Krebsbaches und kreuzen den Wanderweg Stolberg – Ruine Hohenstein. In einer Höhe von 450 Meter kommen wir jetzt zur Staumauer. Die zwischen 1902 und 1905 erbaute Talsperre aus Bruchsteinmauerwerk ist 33 Meter hoch und 134 Meter lang. Am Ende des Stauwerkes steht das Vorwerk, das ein Verlanden des Stausees verhindern soll. In diese Vorsperre mündet der Krebsbach als Hauptzufluß der Talsperre. Sein Quellgebiet liegt unmittelbar an der Landesgrenze Thüringen – Sachsen-Anhalt. Bis 1866 war dieser Krebsbach Grenze zwischen den Königreichen Preußen und Hannover. Die bis an die Ufer des Stausees reichenden Fichtenbestände verleihen der Landschaft typischen Harzwaldcharakter. Auf der Ostseite des Stausees verläuft eine schmale Asphaltstraße in Richtung Staumauer. Auf halbem Wege zweigt der Wanderweg Neustadt – Jägersteig – Stolberg ab.

Wegcharakter: Die etwas lange Wanderung führt auf einer reizvollen Route um die Talsperre Neustadt. Die Alte Poststraße ist ein historischer Weg, der heute noch in gutem Zustand ist. Der Anstieg zur Ebersburg ist mehr oder weniger ein Abstecher vom Tal des Krebsbaches aus. Der Rückweg ist nicht sonderlich interessant. Der Reiz der übrigen Route entschädigt dafür.
Weglänge: 14 Kilometer.
Gehzeit: 5 Stunden.
Markierung: Schwarze Schrift auf rechteckigen weißen Blechschildern. Die auf Karten teilweise angegebenen Markierungen stimmen nicht.
Höhenunterschied: 200 Meter.
Einkehrmöglichkeit: Gasthaus „Sägemühle".

Die Nordhäuser Talsperre wurde in den Jahren von 1902 bis 1905 aus Bruchstein erbaut. Das 134 Meter lange Mauerwerk ist 33 Meter hoch.

Zur Ebersburg

Wir folgen einer schmalen, kaum befahrenen Straße in dem langgezogenen Tal südwärts. Nach etwa 1 Kilometer kreuzt die Straße den Wanderweg Stolberg – Ruine Hohenstein. Nach einem weiteren Kilometer kommen wir zu einer großen Wiese. An der nächsten Straßenverzweigung biegen wir links ab. Durch hohe alte Mischwaldbestände führt der Weg allmählich in das Wetzeltal mit dem von Wiesen eingerahmten Krebsbach. Unterhalb der 1181 bis 1183 vom Landgrafen Hermann von Thüringen erbauten Ebersburg kommen wir auf die Fahrstraße Buchholz – Breitenstein. Direkt an der Straße liegt die Ausflugsgaststätte „Sägemühle". Vor dem uralten Gasthaus aus dem Jahre 1574 steht eine knapp 500 Jahre alte Linde. In der Nähe der Gaststätte finden wir die Ruine der einstigen Kirche von Vockenrode, die schon 1437 zerstört wurde. Der Weg zur Ebersburg beginnt unmittelbar an der Gaststätte jenseits der Straße und schraubt sich steil zur Ruine in 410 Meter Höhe hinauf. Am besten erhalten ist neben einem Kastentor der runde Bergfried. Dieses fast 20 Meter hohe Bauwerk mit einem Außendurchmesser von 12½ Meter war Kernstück der romanischen Grafenburg und nur über eine Zugbrücke von einem Nebengebäude aus erreichbar. In halber Höhe des Turmes ist sie heute noch zu erkennen. Das Mauerwerk weist die ungewöhnliche Stärke von nahezu 4 Meter auf. In unmittelbarer Nähe der Ebersburg befinden sich Reste von fünf weiteren mittelalterlichen Befestigungsanlagen. Für das letzte Stück Rückweg benutzen wir zunächst den Herweg zur „Sägemühle", folgen dann dem Krebsbach entgegen der Laufrichtung, also flußaufwärts durch das Wetzeltal bis zur Forstbaumschule. Hier stoßen wir auf die Straße Neustadt – Talsperre. Auf dieser Straße bleiben wir etwa 300 Meter. Auf der rechten Seite finden wir noch einen schönen Grenzstein aus dem Jahre 1735. Er zeigt auf der Ostseite den auf der Hinterhand stehenden thüringisch-sächsischen Löwen und auf der Westseite das springende Pferd als hannoversches Wappentier. Am Abzweig Alte Poststraße verlassen wir die Fahrstraße und benutzen einen schönen Waldweg bis zum Felsentor. Durch den Lönspark erreichen wir Neustadt und den Ausgangspunkt unserer Wanderung.

19

Zum Hufhaus und auf den Poppenberg

Ausgangsort und Zufahrt: Neustadt ist über Nordhausen zu erreichen, von dem es etwa 10 Kilometer entfernt liegt, aber auch über Buchholz bzw. Niedersachswerfen. Die Ort hat keinen eigenen Bahnanschluß. Es gibt Busverbindungen mit den Bahnstationen Nordhausen, Ilfeld und Niedersachswerfen.
Ausgangspunkt: Hotel „Hohnstein".
Wegverlauf: Hotel „Hohnstein" – Burgstraße – Gondelteich – Ruine Hohnstein – Tiergartenwiese – Hufhäuser Weg – „Am Tisch" – Hufhaus – „Am Tisch" – Poppenberg – Waldbad – Neustadt.
Wegcharakter: Der hochinteressante Rundkurs führt über die Burg Hohnstein auf den 600 Meter hohen Poppenberg mit einem Aussichtsturm, der als technisches Denkmal gilt und 33½ Meter hoch ist. Die Stahlkonstruktion, gebaut von der Nordhäuser Firma Schmidt und Kranz auf Veranlassung

Der Kurort Neustadt wird als „Novenstadt" erstmals 1372 in einer Urkunde erwähnt. Die Burg über der Stadt mit Namen Hohnstein wurde 1412 im Fleglerkrieg angegriffen und erobert. Viele Dörfer des Amtes Hohnstein wurden dabei vernichtet, und die Bauern von drei Dörfern fanden in Neustadt eine neue Heimat. 1485 bauten diese Bürger ein Rathaus. Als sich 1525 die Bauern unter Führung von Thomas Müntzer erhoben, war Neustadt Schauplatz einer Auseinandersetzung mit dem Abt des Klosters Ilfeld. Im Dreißigjährigen Krieg besetzten kaiserliche Truppen das Gebiet, und 1627 ging die Burg Hohnstein in Flammen auf. Auch die Stadt wurde von einem verheerenden Brand heimgesucht: 1678 brannte innerhalb weniger Stunden alles bis auf drei Häuser nieder.

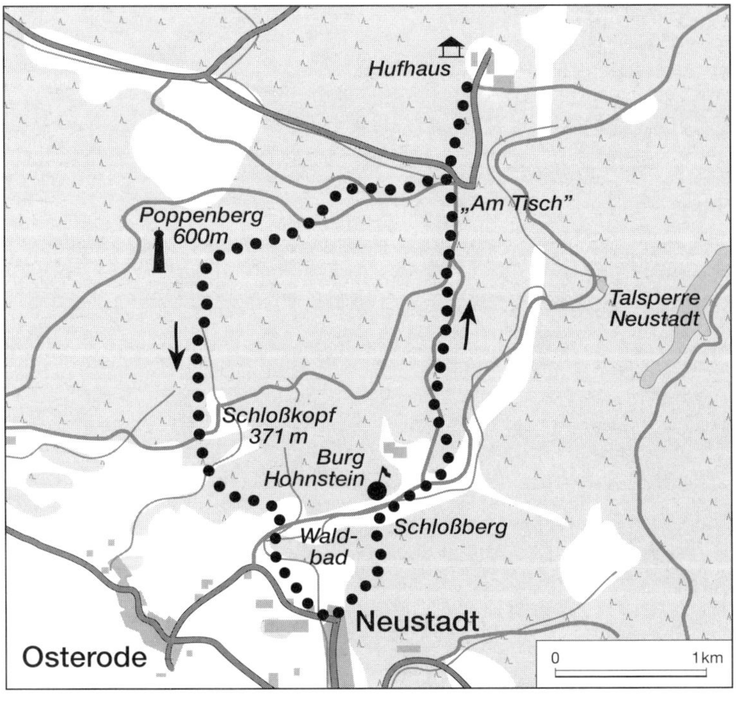

Zum Hufhaus

Wir beginnen unsere Wanderung am Hotel „Hohnstein“ in Neustadt und kommen über die verlängerte Burgstraße nach wenigen Minuten zum Gondelteich. Dann gehen wir zunächst über die ehemalige Rodelbahn in Richtung Burg Hohnstein, zweigen aber auf halber Höhe links ab und gehen auf den Mammutbaum in den Ruinen des ehemaligen Vorwerkes der Burg Hohnstein zu. Beim Weiterweg kreuzen wir nach etwa 200 Metern den Wanderweg Waldbad – Ruine Hohnstein und kommen über den kleinen Schloßberg in das Wiesental an der Nordseite der Burgruine. Den im Wiesental fließenden Hardtbach überqueren wir und stoßen auf eine Straße, der wir nach rechts folgen. Nach einigen 100 Metern kommen wir auf die Tiergartenwiese. Hier steht eine Bungalowsiedlung. Jetzt müssen wir die Straße verlassen und links in den Hufhäuser Weg einbiegen. Am oberen Ende der Tiergartenwiese haben wir noch einmal einen schönen Blick auf das Wiesental, über dem die Burg Hohnstein thront. Der Hufhäuser Weg verläuft nun mäßig steigend unterhalb des Knippelberges bis zur Wegkreuzung „Am Tisch“, die wir nach etwa 2 Kilometern erreichen. Wir spazieren immer durch Mischwald und überqueren die Kreuzung in unserer bisherigen Richtung. So kommen wir nach 1 Kilometer zum Hufhaus.

Weg „Zur schönen Aussicht“

Das Hufhaus liegt auf einer leicht nach Norden geneigten Hochfläche in etwa 530 Meter Höhe. Es wurde im Jahre 1698 als Gestüt der Grafen von Stolberg-Wernigerode eingerichtet. Hier können wir einkehren, ehe wir unsere Wanderung zum Poppenberg fortsetzen.

Zunächst gehen wir auf dem Herweg bis zur Kreuzung „Am Tisch“ zurück. Jetzt müssen wir schräg nach rechts abbiegen und benutzen auf einer Teilstrecke von etwa 1 Kilometer einen befestigten Waldweg unterhalb des Knippelberges. Flach ansteigend wandern wir zum Nordhang des Poppenberges. Auf den letzten 500 Metern bis zum Aussichtsturm auf dem Plateau wird es steiler. Der Steig führt durch dichten Fichtenbestand.

des Harzclubs Nordhausen, stammt aus dem Jahr 1894. 167 Stufen führen auf zwei Aussichtsgalerien. Der Ausblick von hier ist überwältigend.

Weglänge: 13 Kilometer.

Gehzeit: 4 Stunden.

Markierung: Rechteckige weiße Blechschilder mit schwarzer Schrift des Harzclubs Weg Nr. 9 bis „Zum Tisch“; Markierung blaues Kreuz und rotes Viereck bis zum Poppenberg; Markierung grüner Kreis nach Neustadt.

Höhenunterschied: 340 Meter.

Einkehrmöglichkeiten: Am Hufhaus, am Waldbad und in Neustadt.

Dann sind wir am höchsten Punkt unserer Wanderung, und auf den beiden Aussichtsplattformen des Turmes haben wir eine großartige Aussicht, die bei entsprechender Wetterlage bis zu 100 Kilometer weit reicht. Im Südosten sind über der Goldenen Aue das Kyffhäusergebirge mit dem gleichnamigen Denkmal zu sehen, der Kuppenberg mit dem 96 Meter hohen Fernsehturm, im Süden die Stadt Nordhausen und die Höhenzüge der Hainleite, der Inselsberg und andere Höhenzüge des Thüringer Waldes, im Südwesten das Ohmgebirge im Eichsfeld, im Westen neben den Höhen des Leineberglandes der Ravensberg. Besonders eindrucksvoll zeichnen sich aber die im Nordwesten liegenden höchsten Berge des Oberharzes ab: die Achtermannshöhe, der Wurmberg, der Brocken und die hohen Hohneköpfe. Im Nordosten liegt der Höhenkurort Friedrichsbrunn unter dem Ramberg; im Osten, als Nachbar, der Aussichtsturm auf dem Auerberg und das Josephskreuz, mit 38 Meter Höhe eines der größten Kreuze der Welt. Beim Abstieg vom Gipfel benutzen wir einen Waldweg, der zwischen Fichten etwa 50 Meter südlich des Turmes in Ost-West-Rich-

Links: In Neustadt erinnert der Lönspark an den Dichter Hermann Löns, der die Stadt öfter besuchte. Am Ende des Parks befindet sich ein Teich, an dem ein idyllischer Grillplatz eingerichtet wurde.

Das Alte Tor ist einer der vielen Fachwerkbauten, die in Neustadt erhalten sind.

tung verläuft. Diesem Weg folgen wir westwärts, um dann nach etwa 500 Metern auf einen Weg in Richtung Süden abzubiegen. Nach wenigen Minuten kommen wir zu dem Punkt, wo der Poppenberg steil in das Harzvorland abfällt. Hier bietet sich noch einmal ein schöner Ausblick. Steil wandern wir nun durch Mischwald hinunter und kommen nach 1 Kilometer auf den Wanderweg Ilfeld – Neustadt – Ruine Hohnstein, dem wir bis zum Waldbad Neustadt folgen. Hier könnten wir noch einmal einkehren. Dann kommen wir durch eine schöne Kastanienallee zurück zum Ausgangspunkt unserer Wanderung.

20

Rappbodetalsperre, Schönburg und Köhlerhütte

Ausgangsort und Zufahrt: Hasselfelde liegt auf der Hochfläche des Mittelharzes, an der Hassel, südlich der Rappbodetalsperre. Die B 242 Mansfeld – Tanne und die B 81 Nordhausen – Halberstadt kreuzen sich hier im weiten Rodungsgebiet.
Ausgangspunkt: Parkplatz östlich von Hasselfelde, hinter dem Wanderparkplatz Köhlerei Stemmberghaus an der linken Straßenseite.
Wegverlauf: Parkplatz an der Talsperre – Rotestein – Staubecken – Schönburg – Köhlerei Stemmberghaus.
Wegcharakter: Kurze, aber etwas komplizierte Wanderung, vor allen Dingen am Ausgang des Staubeckens der Talsperre, wo es nicht leicht ist, den Weiterweg zu finden. Ansonsten überwiegend gute bis sehr gute Wege, teilweise Forststraße. Eine hübsche, aussichtsreiche Wanderung.
Weglänge: 6 Kilometer.
Gehzeit: 2 Stunden.

Zu den besonderen Sehenswürdigkeiten im Umfeld des Harzortes Hassenfelde gehört die Rappbodetalsperre. Das gewaltige Bauwerk faßt 110 Millionen Kubikmeter Wasser. In einer Vorsperre wird das Wasser gereinigt und in den Stauraum eingeleitet. Zahlreiche Wasservögel, wie Fischreiher, Bleßhühner, Wildenten, Taucher, leben im Umkreis der Talsperre. Am Weg unserer Wanderung liegt auch die Schönburg, eine kleine Ritterburg, von der man noch einige Wälle sieht, mit großartigem Tiefblick auf Altenbrak im Bodetal. Auf dem Weg zur Burg sieht man, wenn man an der Präsidentenbank haltmacht, auch auf Wendefurth hinunter. Der Ort entstand an einem Flußübergang der Straße von Halberstadt nach Nordhausen.
Die Talsperre dient dem Hochwasserschutz, der Trink- und Brauchwasserversorgung, der Energieerzeugung und Bewässerung. Gespeist wird das System von der Warmen Bode, der Kalten Bode, der Rappbode, der Bode und der Hassel.

Über Rotestein und Schönburg

Unsere Wanderung beginnt nordöstlich von Hasselfelde an der B 81 bei einem kleinen Parkplatz, nördlich des Parkplatzes zum Stemmberghaus und der Köhlerhütte an der linken Straßenseite. Es geht westlich durch eine Schranke auf einem mit gelbem Dreieck markierten Weg in Fichtenwald, dann in Buchenwald zu einer Hütte und schließlich zu den Felsvorsprüngen über der Talsperre, die Rotestein heißen. Unterhalb ist eine Mauerbrüstung geschaffen worden, und von hier bietet sich ein großartiger Überblick über das Talsperrensystem zum Oberbecken. Zurück gehen wir zunächst auf gleichem Weg, um bei erster Gelegenheit, wo rechts am Baum eine Tafel angebracht ist, links abzuzweigen. Wir gehen den Hang hinunter zu einer Kreuzung und biegen dann rechts in eine Schneise ein. Am Hang, unterhalb der Fahrstraße, schwenken wir nordostwärts und kommen zum Staubecken. Auf dem Damm wandern wir weiter

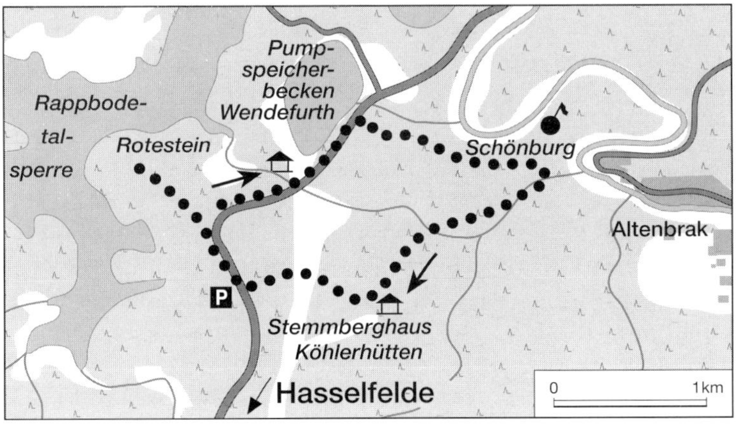

Markierung: Bis Rotestein gelbes Dreieck, dann rotes Dreieck und zurück grünes Viereck.
Höhenunterschied: 110 Meter.
Einkehrmöglichkeiten: Am Hotel „Stausee" und in der Imbißstube „Köhlerrast".

Großen und kleinen Hexen kann man vor der Walpurgisnacht auch in Hasselfelde begegnen.

Die gewaltige Rapp-bodetalsperre dient vor allem der Trinkwasser-versorgung und bietet darüber hinaus seltenen Wasservögeln einen ein-zigartigen Lebensraum.

bis zum Straßenabzweig nach Rübeland. Hier steigen wir den Dammhang abwärts zum Hotel „Stausee“ am Vorspeicher und gehen nach rechts über die Straße, also ein Stück zurück, um dann links auf den ersten Weg abzubiegen, der in den Buschwald führt. Gleich links geht es auf einem mit rotem Dreieck markierten Waldpfad weiter. Unser Weg zieht den Hang aufwärts, und wir wandern bereits über dem Bodetal. Bei der Präsidentenbank am Präsidentenweg haben wir den ersten Blick auf Wendefurth. Dann spazieren wir auf dem Forstweg weiter bis zu einer Abzweigung. Bei einem Wegdreieck, von dem aus wir nach links in Richtung Schönburg abzweigen, begleitet uns ein grünes Viereck. Der Weg führt durch losen Buschwald am Rande eines Grates zum höchsten Punkt. Eine Hütte steht am Aussichtsplatz bei den Burgresten. Wir sehen auf Altenbrak

hinunter. Schließlich wandern wir zurück, zunächst auf dem gleichen Weg bis zum Wegdreieck und dann links weg. Im Mischwald kommen wir über eine Anhöhe; dann gehen wir, immer noch dem grünen Viereck nach, in Richtung Großes Mühlental. Bei einem Querweg schwenken wir links ins Tal hinunter. Rechter Hand liegt der Eingang eines ehemaligen Stollens. Bei einer Dreieckkreuzung wenden wir uns nach rechts und kommen zur Imbißstube „Köhlerrast“. An der Harzköhlerei Stemmberghaus kann man frisch gebrannte Holzkohle kaufen.

Von hier aus geht es zur Straße, wir überqueren sie und gehen steil in den Wald hinunter. Eine Kreuzung läßt uns nach rechts schwenken, und an der Hangkante wandern wir der Markierung gelbes Dreieck nach und zum Parkplatz zurück.

21

Abenteuer auf der Teufelsmauer

Ausgangsort und Zufahrt: Wo sich wichtige Fernhandelsstraßen zwischen Wernigerode und Thale kreuzen, liegt am Nordrand des Harzes Blankenburg. Die B 6 und die B 81 durchqueren den Ort.
Ausgangspunkt: „Helsunger Krug", 3 Kilometer östlich von Blankenburg.
Wegverlauf: „Helsunger Krug" – nördlicher Hangweg – Blankenburg – „Großvater" – Felsgrat und zurück.
Wegcharakter: Am Beginn des Weges verläuft die Route auf Waldwegen. Je höher wir kommen, um so schmaler werden die Pfade, und schließlich geht es steil zum Grat hinauf. Der Rückweg ist ein gesicherter Steig. Trittsicherheit erforderlich.
Weglänge: 6 Kilometer.
Gehzeit: 2 Stunden.
Markierung: Blauer Punkt.
Höhenunterschied: 100 Meter.
Einkehrmöglichkeiten: „Helsunger Krug" und Gaststätte „Großvater".

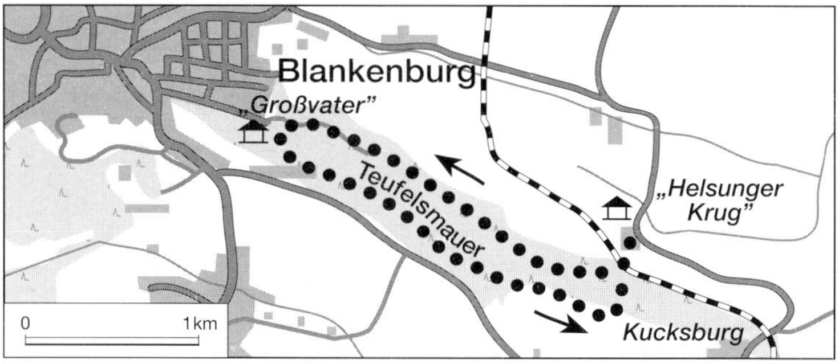

Blankenburg wurde von berühmten Leuten besucht. Johann Wolfgang von Goethe schreibt 1784 in sein Tagebuch: „Blankenburg. Der Weg auf den Berg, Tonschiefer, rechts der Ziegenkopfsandstein, der Berg oben mit schönen Eichen und Buchen bewachsen, Wiesenabstieg ins Rübeland, zurück nach Blankenburg, Versteinerung in Sandstein-Blätterabdrücke." In einem Aufsatz erzählt Heinrich von Kleist 1799: „Mit weit mehreren Vergnügen gedenke ich der Aussicht auf der mittleren und mäßigen Höhe des Regensteins, wo kein trüber Schleier die Landschaft verdeckte und der schöne Teppich im Ganzen wie das unendlich mannigfaltige des Selben im Einzelnen klar vor meinen Augen lag. Die Luft war mäßig, nicht warm und nicht kalt, geradeso, wie sie nötig ist, um frei und leicht zu atmen." Auch in einem Tagebuch erzählt Josef von Eichendorff 1805: „Kamen wir durch lauter schöne Gegenden endlich zu Mittag in Blankenburg an, als wir endlich ermattet auf einer freien Höhe den Ausgang aus dem unendlichen Walde, der die ganze Straße von Blankenburg einschließt, erreicht haben, überraschte uns plötzlich und zum ersten Mal der längst ersehnte Anblick des alten Vater Brocken." Auch Hans Christian Andersen war im Sommer 1831 hier, Caspar David Friedrich und viele, viele andere. August Winnig erzählt: „Die Geschichte hat der Stadt Blankenburg einen bescheidenen Platz angewiesen. Es hat sich hier nichts zugetragen, was die Welt hätte bewegen können. Es ist immer nur ein Ort mühseliger Arbeit gewesen, die selten mehr als Fristung des Lebens und der Haltung des Geschlechtes gewährte. Aber da Arbeit Pflicht und Bestimmung des Menschen ist, dürfen wir uns ohne Scheu und Scham zu diesem Leben bekennen, das hier zwanzig Sohnschaften oder mehr in der Treue zum Schicksal gewaltet hat."

Vom „Helsunger Krug" zum „Großvater"

Der „Helsunger Krug" ist eine Ausflugsgaststätte 3 Kilometer östlich von Blankenburg, am Fuße des Teufelsmauer genannten Höhenzuges. Das ist ein guter Ausgangspunkt für die Wanderung. Wir halten auf einem Pfad vom Parkplatz aus auf den Wald zu und rechts über die Bahngleise, dann wieder rechts in einen Hangweg am Waldrand nach Westen. Ein Querweg führt uns nach rechts, und bei einer Teilung schlagen wir gleich den ersten Weg links ein. Wir stoßen auf eine Lichtung und auf einen Rastplatz. Hier gehen wir rechts aufwärts und zweigen im Wegbogen, wo eine Bank steht, links zum Grat hinauf auf den schmalen Nordhangweg ab. Ihm folgen wir bis in den Siedlungsbereich von Blankenburg. Bei den Sportplätzen biegen wir links ab und nochmals links auf den Grat hinauf in Richtung Gaststätte „Großvater". Die Markierung blauer Punkt führt uns von hier direkt am felsigen Grat der Teufelsmauer nach links, nunmehr nach Osten. Jetzt beginnt eine abenteuerliche Kletterei über die zahlreichen Felsspitzen. Dort, wo Abstürze nah sind, sind Geländer angebracht. Es gibt Leitern und Seilsicherungen. Man muß durch Felsdurchlässe klettern, über Grate steigen und hat immer eine großartige Aussicht auf den Harz, auf die Täler ringsum und gelegentlich auch auf die Stadt. Es ist ein Klettern und Schauen über gut 2½ Kilometer. Endlich werden die Durchstiege harmloser, der Grat niedriger. Rechter Hand gibt es einen Abstieg zur Fahrstraße nach Thale. Wir gehen links über den Hang durch eine Felspassage auf die andere Seite des Grates und nun rechts abwärts, vorbei am Felsen des „Sautrogs". Über Felsplatten und Pfadspuren steigen wir im Zickzack bergab und erreichen wieder den nördlichen Hangweg. Das letzte Stück gehen wir auf dem Herweg zurück zum Parkplatz am „Helsunger Krug".

22

Von der Roßtrappe zum Hexentanzplatz

Ausgangsort und Zufahrt: Thale liegt am Ausgang des Bodetales, am Nordrand des Harzes, südwestlich von Quedlinburg und südöstlich von Blankenburg. Die Zufahrt kann über die Harzrandstraße erfolgen, aber auch vom Inneren des Harzes führt eine Straße hierher.
Ausgangspunkt: Seilbahnparkplätze am Südrand von Thale.
Wegverlauf: Präsidentenweg – Roßtrappe – Abstieg ins Bodetal – Aufstieg zum Hexentanzplatz – Abstieg zum Südrand von Thale und zurück ins Bodetal zu den Parkplätzen.
Wegcharakter: Die Wege sind sehr gut ausgebaut. Der Abstieg ins Bodetal und der Aufstieg vom Bodetal sind extrem steil, der Pfad aus dem Bodetal zum Hexentanzplatz ist etwas schlechter. Durch die großen Höhenunterschiede, die mehrmals bewältigt werden müssen, ist die Wanderung etwas anstrengend.
Weglänge: 6 Kilometer.

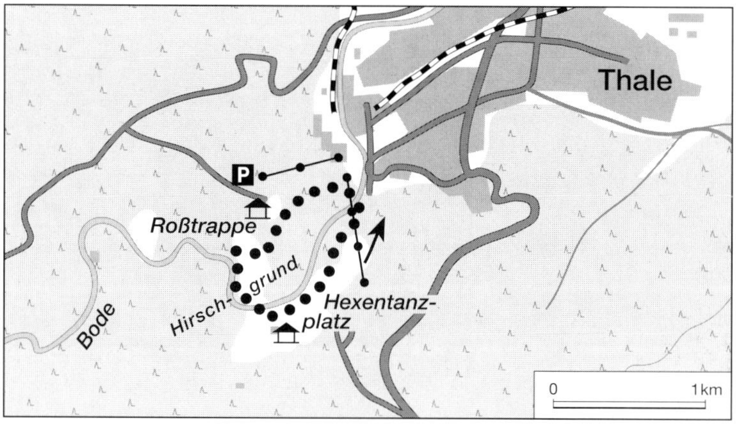

Die Bode zwängt sich bei Thale durch eine gewaltige, 250 Meter tiefe Felsschlucht. Die Felszacken im Westen werden Roßtrappe genannt. Diese und die Felszacken am jenseitigen rechten Bodeufer, der Hexentanzplatz, waren germanische Kultstätten. Alljährlich findet hier die traditionelle Teufelsnacht statt. Sie geht auf Bräuche der Vorzeit zurück. Mit brennenden Fackeln kommen die Harzer in ihren Trachten daher, um das Hexenfeuer abbrennen zu lassen. Im Tierpark auf dem Hexentanzplatz sind hundert heimische Tierarten zu sehen. Von Thale aus kann man mit einer Sesselbahn hinauffahren zur Roßtrappe und mit einer Kabinenseilbahn zum Hexentanzplatz.
Roßtrappe, Hirschgrund mit Teufelsbrücke und Hexentanzplatz lassen sich natürlich auch zu Fuß erreichen, letzterer auch mit dem Pkw.

Zum Heidenwall

Von den Seilbahnparkplätzen aus wandern wir zunächst auf dem Goetheweg. Die Talstation der Sesselbahn bleibt rechts liegen, und bei der Talstation der Kabinenseilbahn kommen wir auf den Präsidentenweg, der mit einem grünen Balken markiert

ist. Bei einer Wanderwegtafel halten wir uns rechts bergauf zunächst auf einem breiten Waldweg, von dem wir aber bald bei einem Wegbogen links abzweigen. Vom lichten Buchenwald hier haben wir immer wieder schöne Ausblicke auf die Stadt Thale. Der Pfad schlängelt sich in Serpentinen steil aufwärts, und schließlich erreichen wir über Stufen den Aussichtspunkt „Bülowhöhe". Nach wenigen Schritten ist auch das Hotel an der Roßtrappe erreicht, und ein breiter Weg führt am Hang weiter zu den Felsen der Roßtrappe. Ein Geländersteig leitet über die Felsnadeln zu den schönsten Aussichtspunkten über dem wildromantischen, tiefgelegenen Bodetal. Dann gehen wir zurück zum Beginn dieses Geländerweges und halten uns links, der Markierung blauer Punkt nach in Richtung Hirschgrund. Dieser dramatische, steinige Pfad verläuft zwischen senkrechten Felswänden an einem Schutthang sehr steil, aber nie ausgesetzt, 250 Höhenmeter hinunter in den dunklen Hirschgrund des Bodetales. Im Tal folgen wir nach links einem Steig bis zum Gasthaus „Hirschgrund". Hier bringt uns eine Steinbrücke über die

Gehzeit: 4 Stunden.
Markierung: Grüner Balken und grüner Punkt.
Höhenunterschied: Zweimal 250 Meter.
Einkehrmöglichkeiten: Gasthaus „Roßtrappe", Gasthaus „Hirschgrund", Gasthäuser und Kioske am Hexentanzplatz und in Thale.

Der Hexentanzplatz zählt mit zu den eindrucksvollsten Aussichtspunkten im ganzen Harz.

In einer steilen, 250 Meter hohen Felsschlucht bricht die Roßtrappe zum Bodetal hin ab. Am Gipfel befindet sich ein eindrucksvoller Aussichtspunkt.

Bode; wieder liegen 250 Höhenmeter vor uns, ein ebenso steiniger Weg in Serpentinen, steil und bei Nässe rutschig. Endlich erreichen wir am Rande des Hexentanzplatzes Buchenwald und gehen links zur La-Vières-Höhe, ein gesicherter Aussichtspunkt hoch über der Talschlucht. Nach wenigen Schritten sind der Tierpark und der große Platz mit der Aussichtsterrasse über dem Bodetal erreicht. Im Weitergehen kommen wir zur Walpurgishalle. Nachdem wir uns auch das Museum Walpurgishalle angeschaut haben, können wir mit der Kabinenseilbahn abfahren oder nordwärts den Abstieg ins 250 Meter tiefer gelegene Bodetal wagen. Am Rande von Thale gehen wir erst links in westlicher Richtung und dann südwestwärts schwenkend zur Talstation zurück.

Großer Auersberg und Josephshöhe

23

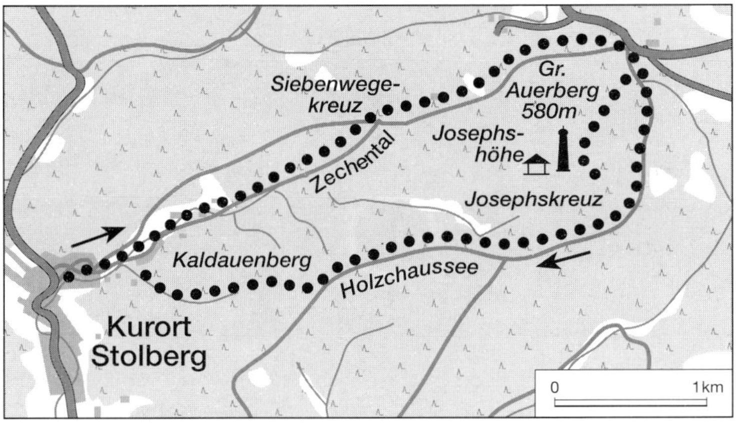

In Stolberg wurde der Prediger und Bauernführer Thomas Müntzer (1490–1525) geboren. Schon vor 1000 Jahren baute man in der Umgebung Eisen, Kupfer, Silber und Gold ab. Die erste Nachricht davon stammt aus dem Jahre 794; im 10. Jahrhundert entstand auf dem Bergsporn über der Stadt, zwischen dem Ludetal und dem Kalten Tal, eine Burg, dort, wo heute das Schloß aufragt.

Zur Josephshöhe

Vom Markt in Stolberg wandern wir ostwärts zunächst auf der Hauptstraße in Richtung Kaltes Tal, gehen dann geradeaus weiter über den „Reichen Winkel" der Neustadt oder über die Töpfergasse ins Zechental. Wir folgen auf breitem Forstweg dem Bach aufwärts. Parallel oberhalb verläuft die Alte Auerbergstraße. Im Mischwald kommen wir nach gut 2 Kilometern zum Siebenwegekreuz auf der Höhe. Hier findet sich eine Unterstellhütte, von der aus wir rechts weiter wandern, zunächst eben auf der Alten Auerbergstraße. Dann geht es bergauf. Bei einer Bank blicken wir auf die Talmulden im Osten mit den Speicherseen am Büchengraben. Danach zweigen wir im

Ausgangsort und Zufahrt: Stolberg liegt am Endpunkt einer Nebenlinie der Bahnverbindung Halle – Kassel. Busverbindungen gibt es nach Sangerhausen, Wernigerode, Quedlinburg, Erfurt, Nordhausen Harzgerode und Bad Frankenhausen. Die Landstraße durch Stolberg ist für den LKW-Verkehr gesperrt. Eine Straßenverbindung existiert von der B 80 aus, Abzweig bei Berga, von der B 242, Abzweigung Güntersberg bzw. von einer Abzweigung bei Harzgerode aus.
Ausgangspunkt: Marktplatz.
Wegverlauf: Zechental – Großer Auerberg – Josephshöhe – Stolberg.
Wegcharakter: Bis auf den Abstieg von der Josephshöhe zur Forststraße am Hangfuß sind alle Wege zu allen Jahreszeiten gut begehbar. Die bequeme Rundwanderung führt stets auf Forststraßen zu einem aussichtsreichen Ausflugsort.
Weglänge: 8 Kilometer.

Gehzeit: 2 Stunden.
Markierung: Rotes Kreuz, grüner Balken, grünes Dreieck, grüner Punkt.
Höhenunterschied: 200 Meter.
Einkehrmöglichkeiten: Josephshöhe.

spitzen Winkel rechts ab, der Markierung rotes Kreuz nach. Es geht einen Waldweg hinauf zu einer Fahrstraße und auf dieser weiter. Wir sind am 580 Meter hohen Großen Auerberg und kommen zur Josephshöhe. Hier steht das 38 Meter hohe Josephskreuz. Bis zur oberen Aussichtsplattform muß man 200 Stufen überwinden. Der Turm wurde 1896 erbaut. Vorher stand an dieser Stelle ein hölzernes Kreuz, das 1880 durch Blitzschlag zerstört wurde. Weit schweift der Blick über die Harzhöhen ringsum. Weiter geht es ostwärts hinunter, den Markierungen grüner Balken und blaues Kreuz nach. Der steile Pfad leitet zu einer Forststraße. Ihr folgen wir nach rechts durch den Buchenwald. Die Markierung grünes Dreieck führt uns kilometerweit abwärts bis zu einem Rondell. Hier biegen wir rechts ab. Die Markierung grüner Punkt leitet uns steil hinunter in den Zechengrund und über diesen zurück zum Marktplatz in die Stadt, wo Martin Luther am 21. April 1525 in der Kirche St. Martini seine Predigt „Wieder die aufrührerischen Bauern" hielt. Doch am 2. Mai stürmten 2000 Bauern, Bergleute und Handwerker das Schloß und erzwangen die Anerkennung ihrer 24 Artikel. Ihr Erfolg hielt nicht lange an: Der auf 6000 Mann angeschwollene Bauernhaufen wurde am 15. Mai am Kyffhäuser bei Frankenhausen verheerend geschlagen. Die Kraft der Aufrührer war gebrochen, der Bauernkrieg beendet. Nach Wiederherstellung der gräflichen Herrschaft wurden acht Stolberger Bürger auf dem Galgenberg enthauptet.

Detail einer Eingangstür im malerischen Städtchen Stolberg.

Links: Stolberg liegt zwischen Nordhausen und Harzgerode im Landschaftsschutzgebiet des Unterharzes. Der Ortskern des Städtchens wird von zahlreichen Fachwerkhäusern geprägt.

24

Vom Stausee zum Rennweg

Ausgangsort und Zufahrt: Kelbra liegt an der B 85, die von Bad Frankenhausen aus den Kyffhäuser überquert und durch die Goldene Aue zum Südrand des Harzes leitet.
Ausgangspunkt: Fahrstraße am Südrand des Stausees in Höhe des Bades.
Wegverlauf: Zum Waldrand durchs Rabental – Rennweg – Altendorfer Klippen – Bärenköpfe – Tannenberg – Kelbra.
Wegcharakter: Einfache Rundwanderung auf überwiegend guten Wegen, die sich auch ausdehnen läßt, entweder auf den Kulpenberg zum Fernsehturm oder die Kyffhäuser-Querstraße überquerend zur Ruine Rothenburg.
Weglänge: 8 Kilometer.
Gehzeit: 2½ Stunden.
Markierung: Rotes Viereck und roter Punkt.
Höhenunterschied: 250 Meter.
Einkehrmöglichkeiten: Am Stausee, auf dem nahen Kulpenberg im Turmcafé des Fernsehturmes und in Kelbra.

Die Ackerbürgerstadt Kelbra liegt in der Goldenen Aue am Nordhang des Kyffhäusergebirges. Über ihr thront die Rothenburg. Von der um 1100 entstandenen Anlage, 400 Meter hoch am Nordhang des Kyffhäusers gelegen, sind noch Teile des Bergfrieds und der Ringmauer erhalten. Auf spätere Erweiterungen geht der romanisch-gotische Palas zurück. Das Tal, in dem Kelbra liegt, war alljährlich von Überschwemmungen durch die Helme bedroht. Zur Regulierung legte man in den Jahren 1961 bis 1967 westlich der Stadt einen Stausee an. Er schützt die talwärts gelegenen Auen vor Hochwasserschäden, erhöht bei Niedrigwasser die Wasserführung der Helme und liefert in trockenen Jahreszeiten Brauchwasser für die Bewässerung von 8000 Hektar landwirtschaftlicher Nutzfläche. Entstanden sind 600 Hektar Wasserfläche mit Stauhöhen von bis zu 225 Meter ü. NN.

Zu den Altendorfer Klippen

Von der Fahrstraße am Südufer des Stausees, in der Nähe der Staumauer, führen Wanderwege nach Süden, zunächst über Acker- und Weideland zum Rand des Waldes, der das Kyffhäusergebirge nach Norden und Westen abschließt. Bei einem Wegabzweig halten wir uns rechts und folgen der Markierung rotes Viereck. Der Einschnitt des Rabentals tut sich auf. Hier halten wir uns links zwischen den Wochenendhäusern steil aufwärts. Über eine Grabenbrücke erreichen wir ein lichteres Waldstück und steuern auf den Thalebener Berg zu. Ab und zu haben wir Ausblicke auf den Kelbraer Stausee. Im Nieder- und Buschwald kommen wir zu einer Kreuzung, wo von links ein gelb markierter Weg einmündet. Wir folgen dem rechts abzweigenden Weg und bleiben im Rabental. An dessen Ende erreichen wir den Rennweg, einen quer verlaufenden Forstweg. Ihm folgen wir nach links. Geradeaus würden wir nach 5½ Kilometern die Barbarossahöhle bei Rottleben erreichen. Die Markierung roter Punkt führt uns durch lichten Buchenwald bergauf. Nach beiden Seiten fallen die Hänge steil ab, bis zu 250 Meter tief, denn der höchste Punkt, den wir erreichen, hat die Marke 424,1 Meter ü. NN, während Kelbra im Schnitt 170 Meter hoch liegt. Ab und zu stoßen wir auf Wegweiser. Ins Kirchtal sind es 2½ Kilometer von den Altendorfer Klippen, deren Felsformationen vom Waldboden bedeckt sind. Wir kommen zur Kreuzung „Siebenwege“ und bewegen uns von hier aus auf einem breiten Forstweg nach links, ostwärts, bergauf. Im Blick haben wir bereits den Fernsehturm auf dem Kulpenberg, der höchsten Erhebung des Kyffhäusers. Im Osten liegt die Helme-Unstrut-Niederung. Ein Stück geht es nun bergab. Linker Hand finden wir die Markierung grünes Dreieck; an dem schönen Hangweg beeindrucken die braunen, verwitterten Steinschichten des Buntsandsteines im Buchen-Kiefern-Mischwald. Dann erreichen wir einen Grat über der Fahrstraße, die Bad Frankenhausen mit Kelbra verbindet. Wir haben die Rothenburg im Blick, wandern dann nach Norden, und bald zweigt links der Pfad ins Kirchtal ab. Wir gehen geradeaus und halten uns bei einer Wegverzweigung links. Wir haben den 350 Meter hohen Tannenberg überwunden und kommen in westlicher und dann in nördlicher Richtung zum Waldrand und auf die Talstraße zu. Bei den Häusern halten wir uns rechts in Richtung Ort. Die Ortspromenade beginnt, ein schön angelegter Fußweg neben der Straße. Von hier aus haben wir die Wahl: Entweder wandern wir über die

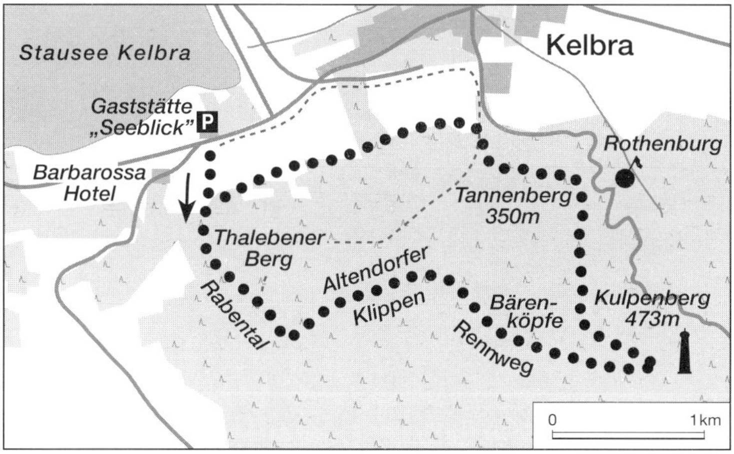

Die Ruine Rothenburg erhebt sich über Kelbra. Der Bergfried und Teile der Ringmauer dieser um 1100 entstandenen Anlage sind noch erhalten.

Promenade nach Kelbra hinein und dann die erste Straßenabzweigung nach links bis zum Fahrsträßchen zum Stausee, oder wir bleiben auf dem Feldweg zwischen den Waldhöhen und den Feldern, bis wir zum Stausee in Höhe des Bades absteigen können.

In die Sagenwelt des Kyffhäusers

25

Kaiser Friedrich I. Barbarossa soll im Inneren des Kyffhäusers schlafen, alle 100 Jahre erwachen und einen Zwerg fragen, ob die Raben noch um den Berg flögen. Tun sie das, muß er noch weitere 100 Jahre schlafen. Erst wenn sie nicht mehr fliegen, wird er hervorkommen und sein Schild an einen dürren Baum hängen. Davon wird der Baum grünen und eine bessere Zeit einleiten. Wer die Barbarossahöhle im Kyffhäuser betritt, sieht Räume von erstaunlicher Größe und einmaliger Schönheit. 1865 hat man das Höhlensystem zufällig entdeckt, als man in der Nähe von Rottleben Kupferschiefer suchte. Mit 24 000 Quadratmeter Fläche und 800 Meter Länge ist die Barbarossahöhle die größte touristisch erschlossene Gipshöhle Mitteleuropas. Bis zu 30 Meter hoch wölben sich die Kuppeln, und aus 3 Meter Tiefe leuchtet das Grün des Grottensees.

Übers „Panorama" zum Kyffhäuser

Zum „Panorama", einem Rundbau an der historischen Stätte der Bauernschlacht des Jahres 1525, führt von der Oberkirche aus eine Straße. Man kann von hier aus der Markierung grünes Dreieck folgen und zum Schlachtberg hinaufsteigen. Es gibt auch einen Fußweg von der Thomas-Müntzer-Straße aus durch das Wüste Kalktal. Wer von der Oberkirche aus geht, kommt am Hausmannsturm vorbei und wandert in nördlicher Richtung durch lichten Wald, meist Kiefern, aufwärts. Oben befindet sich rechts ein großer Parkplatz und links die Gedenkstätte des Bauernkrieges. Der grünen Dreiecksmarkierung nach gehen wir weiter, nordwärts über Wiesen auf den Wald zu. Bevor wir in den Forst eintauchen, sehen wir linker Hand ein Haus im Wald, im Rückblick nochmals das Panorama. Durch eine Schranke kommen wir zu einer Stelle, die Tilledator heißt. Markierungen leiten ins Pfützental, zum Siebenkopf und nach Tilleda. Auf und ab geht es im Buchen- und Birkenmischwald, und schließlich kommen wir auf einen Grat. Am sogenannten

Ausgangsort und Zufahrt: Bad Frankenhausen liegt am Südrand des Kyffhäusers, an der B 85.
Ausgangspunkt: Panoramastraße Nähe Oberkirche oder Stadtpark – Thomas-Müntzer-Straße – Eingang Wüstes Kalktal – Panorama-Fußweg.
Wegverlauf: Bad Frankenhausen – Tilledator – Pfützental – Rennweg – Tilleda – Kyffhäuser – Langes Tal – Weiße Küche – Frankenhausen.
Wegcharakter: Sehr lange Wanderung mit zahlreichen Auf- und Abstiegen auf überwiegend guten Wegen. Das Kyffhäusergebirge wird praktisch zweimal durchquert.
Weglänge: 18 Kilometer.
Gehzeit: 6 Stunden.
Markierung: Grünes Dreieck, grüner Balken, gelbes Viereck, blaues Kreuz.
Höhenunterschied: 300 Meter.
Einkehrmöglichkeiten: Bad Frankenhausen, Tilleda, Kyffhäuser.

Der Wanderweg zum Kyffhäuser ist praktisch nicht zu verfehlen.

Morgenbrotstein stoßen wir auf eine Sitzgruppe, rechts biegt ein Weg nach Udersleben ab. Geradeaus wandern wir steil hinunter in das quer verlaufende Pfützental mit einer Forststraße. Linker Hand geht es ins Rathsfeld. Wir wandern jenseits steil bergauf, und nach einer Lichtung mit einer Sitzgruppe sind wir wieder auf einer Anhöhe. Danach steigen wir abwärts, am Rande einer großen Lichtung vorbei, und kommen in ein weiteres quer verlaufendes Tal mit dem Rennweg. Die Markierung ist jetzt ein roter Balken. Erneut geht es aufwärts. Der Höhepunkt heißt Frauengrab, eine Anhöhe mit einer Wegkreuzung. Es geht geradeaus wieder hinunter. Eine Markierung roter Punkt führt links zum Ausblick „Gietenkopf"; der Abstecher ist lohnend. Dann halten wir uns langgezogen links bergab, kommen über eine Kreuzung weiter hinunter und gehen bei der Abzweigung links. Jetzt sind wir auf einem steilen, etwas schlecht zu begehenden Hohlweg, der uns zum Waldrand führt. Wir überqueren auf einer Brücke die Wolweda, einen kleinen Bach, und halten uns rechts durch Kirschbaumplantagen nach Tilleda. Der Kirschenanbau hat in der gesegneten Landschaft der Goldenen Aue seit Jahrhunderten Tradition. Wir erreichen den Ort und halten uns rechts über Stufen hinauf zum Freiluftmuseum mit den Ausgrabungen und Rekonstruktionen der alten Königspfalz auf dem Pfingstberg. Die Urkunden über diese Anlagen gehen auf das Jahr 927 zurück. Erhalten geblieben sind allein sieben in Tilleda unterschriebene Urkunden von deutschen Kaisern und Königen aus der Zeit zwischen 974 und 1042. Auch Kaiser Friedrich I. Barbarossa war in Tilleda. Seit dem 13. Jahrhundert verlor die Pfalz ihre Bedeutung.

Zum Denkmal

Von Tilleda aus wandern wir ein Stück auf dem Herweg zurück und folgen dann rechts, weiter durch Obstbaumplantagen, zunächst der Markierung gelbes Quadrat. Die Markierungen sind allerdings etwas spärlich angebracht, so daß man sehr aufpassen muß. Der Weg führt an den linken Hang des Kyffhäusers. Man sieht das Denkmal schon von weitem, und bei der Unterburg, in der ein Hotel eingerichtet ist, stoßen wir auf einen der Auffahrtswege. Nun wandern wir, uns rechtshaltend,

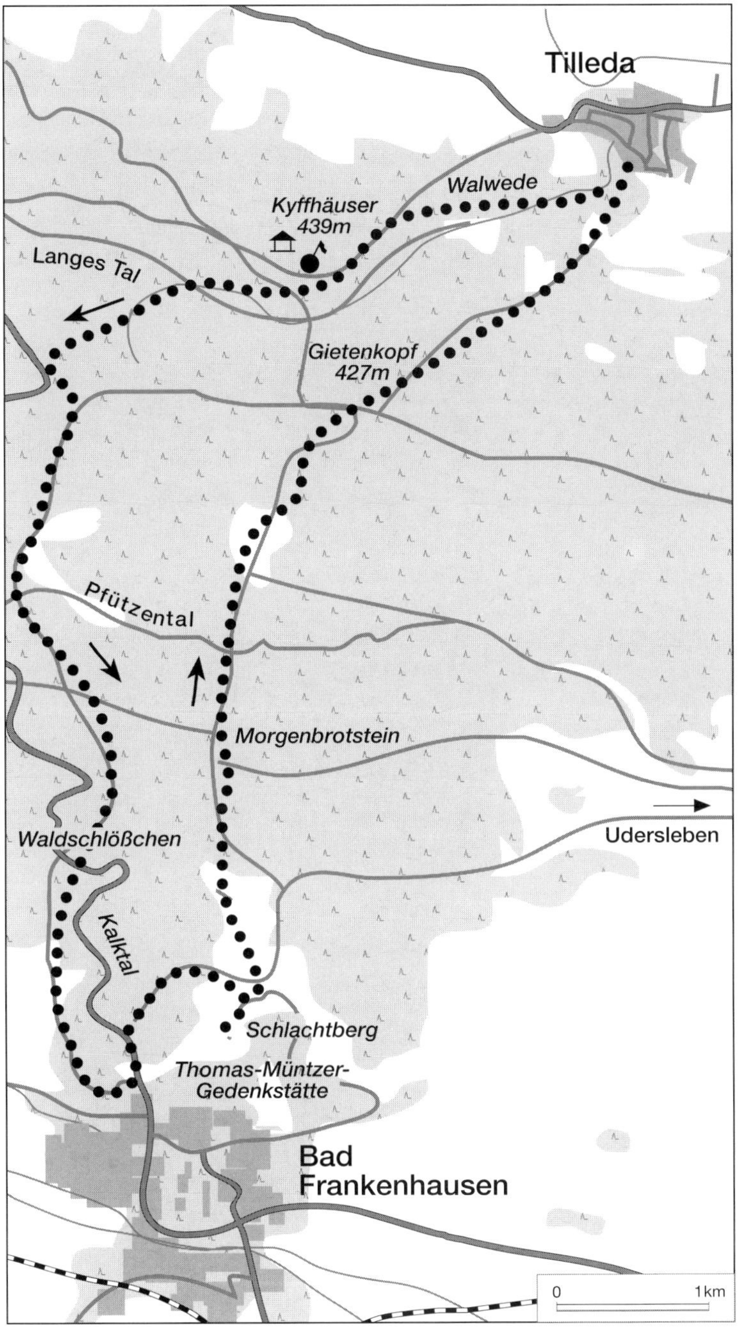
Tilleda
Walwede
Kyffhäuser
439m
Langes Tal
Gietenkopf
427m
Pfützental
Morgenbrotstein
Udersleben
Waldschlößchen
Kalktal
Schlachtberg
Thomas-Müntzer-
Gedenkstätte
Bad
Frankenhausen
0
1km

WC

auf breitem Weg aufwärts, umrunden den Gipfel und stoßen auf die Auffahrt, die von Westen herkommt. Ihr folgen wir zum Denkmal. Die Reichsburg, die hier stand, gehörte im Mittelalter zu den größten deutschen Burganlagen. Sie war über 60 Meter lang und 60 Meter breit und entstand auf einer Siedlung aus der Eisenzeit. 1118 wird sie zum ersten Mal erwähnt und während der Regierungszeit Kaiser Friedrichs I. Barbarossa (1152–1190) vollständig ausgebaut. Nach der Blütezeit im 12. und 13. Jahrhundert verfiel die Anlage, und im 15. Jahrhundert ist schon von einem wüsten Schloß die Rede. Ende des 16. Jahrhunderts war die Burg eine Ruine. 1935 begann man mit den Ausgrabungen und gründete das Burgmuseum. Im Gelände der Oberburg wurde 1890 bis 1897 das Kyffhäuserdenkmal errichtet. Der quadratische Turm aus rotem Sandstein ist von der Ringterrasse aus 81 Meter hoch. Von hier hat man einen großartigen Blick über die Goldene Aue.
Beim Rückweg nach Frankenhausen halten wir uns westwärts, kommen zu den Parkplätzen und gehen von den Häusern an der Straße halb links weg, zunächst in südwestlicher Richtung. Es geht steil hinunter ins Lange Tal, der Markierung blaues Kreuz nach, und dann wieder aufwärts, an den Kautsbergen vorbei zu einer Wegkreuzung an der Kyffhäuser-Querstraße, auf der wir ein paar Meter im Straßenbogen entlanggehen, bis wir links abzweigen können und wieder der Markierung blaues Kreuz folgen, am Dreiporststein vorbei und dann genau nach Süden zum Rand der Siedlung Rathsfeld. Das Jagdschloß wurde Ende des 17. Jahrhunderts für die Fürsten von Schwarzburg-Rudolstadt erbaut. Der Wanderweg verläuft parallel zur Straße in südsüdöstlicher Richtung, bis er nach Südwesten abschwenkt und wir die Fahrstraße überqueren müssen. „Weiße Küche" heißt die Gegend. Dann befinden wir uns im Naturschutzgebiet über dem Kalktal und kommen zum Waldrand, wo das Waldschlößchen steht. Über die Nordhäuser Straße kommen wir dann ins Zentrum zurück und über die Zinke- und Frauenstraße zum Friedhof oder gleich links abzweigend am Stadtpark über die Thomas-Müntzer-Straße zum Anfang des Weges ins Wüste Kalktal.

Das Denkmal des Kaisers Barbarossa, der der Sage nach auf dem Kyffhäuser seine Wiederkehr erwarten soll.

Links: Der Burgfried ist der markanteste Teil der Burgruinen am Kyffhäuser. Er stammt aus der Mitte des 12. Jahrhunderts.

26

In die Karsthöhlen zum Periodischen See

Ausgangsort und Zufahrt: Roßla liegt an der Eisenbahnverbindung Halle – Nordhausen – Kassel und an der B 80 zwischen dem Kyffhäuser und dem Südharz in der Goldenen Aue.
Ausgangspunkt: Ortszentrum bzw. westlicher Bahnübergang.
Wegverlauf: Weinberg – Hoher Kopf – Karstwanderweg – Bauerngraben mit Periodischem See – Roserkopf – Questenberg – Wickerode – Dittichenrode – Reesberg – Roßla.
Wegcharakter: Lange, etwas anstrengende Wanderung auf fast immer sehr guten Wegen, außer am Hohen Kopf und am Questenberg.
Weglänge: 16 Kilometer.
Gehzeit: 5 Stunden.
Markierung: Gelber Winkel, roter Balken, grüner Punkt.
Höhenunterschied: 180 Meter.
Einkehrmöglichkeiten: Questenberg, Wickerode, Dittichenrode und Roßla.

Zwischen dem Kyffhäusergebirge mit seinen Buntsandsteinformationen und dem Südharz verläuft ein Kalksteinzug, der als Südharzer Karstlandschaft bezeichnet wird und der durch einen 48 Kilometer langen Karstwanderweg von Pölsdorf nordöstlich von Sangerhausen bis zur Heimkehle im Thyratal südlich von Stolberg erschlossen ist. Eine besondere Attraktion ist der Periodische See im Naturschutzgebiet Bauerngraben bei Agnisdorf. Der Glasebach, der vom Norden aus dem Harz kommt, verschwindet hier durch mehrere Schlupflöcher in den Untergrund. Dieser Vorgang dauert immer mehrere Monate, aber durch die gleichen Löcher kann innerhalb von etwas mehr als 24 Stunden der Glasebach zu einem See, dem Periodischen See, anschwellen. Die verschwundenen Wasser des Sees tauchen an den Quellen im Nassetal südlich von Questenberg und am Zollbachbrunnen 1 Kilometer nördlich von Roßla wieder auf. Wie man aus Urkunden weiß, sind die Perioden des Sees schon 1480 aufgefallen. Eine der Höhlen befindet sich bei Questenberg am Nordabhang der alten Wallpurgaqueste. Eine 2 Kilometer lange Höhle ist die Heimkehle im Thyratal. Von ihr sind 700 Meter für Besucher zugänglich. Während des letzten Weltkrieges hat man in der Höhle einen Rüstungsbetrieb eingerichtet, in dem fast 1000 Häftlinge des Konzentrationslagers Dora arbeiteten. Das Karstmuseum informiert über die Höhle. Die Gipsproduktion im Karsthöhenzug reicht bis ins Mittelalter zurück.

Zum Karstwanderweg

Roßla liegt in der Goldenen Aue, die schon zur Zeit der bandkeramischen Kultur, um 4500 Jahre v. Chr, bewohnt war. Durch Roßla verläuft eine Bahnlinie, und vom Ortszentrum aus gibt es in nördlicher Richtung zwei dicht nebeneinanderliegende Bahnübergänge. Wir benutzen den linken, also nicht die Straße nach Agnesdorf, und wandern im Bachtal am Weinberg entlang. Der zunächst breite Fahrweg zweigt über eine Brücke nach rechts ab, und wir halten uns geradeaus auf einem Hohlweg, der zwischen Büschen neben einem schluchtartigen Graben verläuft. Wo der Graben endet, biegen wir nach rechts ab auf einen Feldweg, der von Büschen gesäumt ist und auf den Waldrand zu leitet. Wenn wir vom Rande zurückschauen, können wir die Goldene Aue überblicken und den Höhenzug des Kyffhäusers bewundern. Im Wald geht es wieder aufwärts bis zu einer Fünfwegekreuzung. Unser Weiterweg führt geradeaus hinauf in Richtung Breitung, wobei wir der Markierung gelber Winkel folgen. Der „Hohe Kopf", 351 Meter hoch, wird überwunden. Dann fällt der Weg steil 50 Meter zum Waldrand ab. Wir kommen durch eine Schranke, gehen rechts wieder durch eine Schranke und folgen nun der Markierung roter Balken auf dem Karstwanderweg. Er verläuft an der Hangkante des Höhenzuges, zum Teil am Wiesenrand. Die Gipse und Anhydrite wurden durch Wasser ausgelaugt; es entstanden Erdfälle bis zu 25 Meter Tiefe. Wir kommen erneut zu Schranken und halten uns links bergab zum Waldeck. Eine Tafel weist nach Bennungen. Wir gehen nun rechts im Wald hinauf und sind bald am

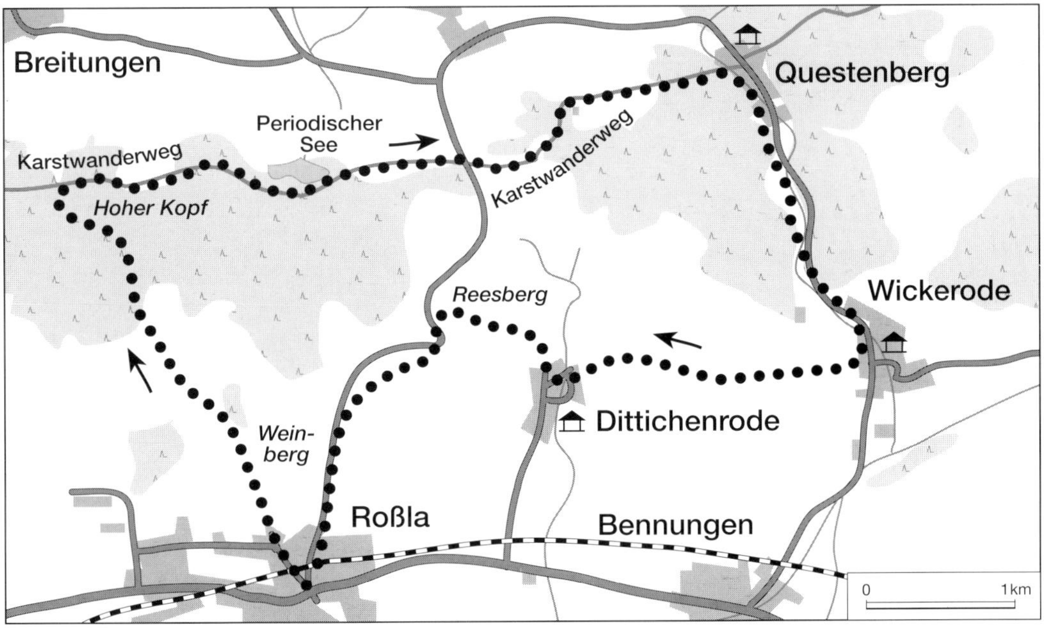

Periodischen See, der unter einem Felsabbruch liegt. In Stufen und auf einem teilweise geländergesicherten Pfad steigen wir an der Felskante aufwärts. Tafeln weisen darauf hin, daß hier ständig neue Spalten entstehen und dann der markierte Weg immer wieder verlegt werden muß. Der Bauerngraben mit dem Periodischen See bietet von hier oben eine wildromantische Szenerie, ehe es wieder am Rande der Felswände hinuntergeht zum Waldrand. Wir folgen dem Rand nach rechts zur Fahrstraße Roßla–Agnesdorf, halten uns kurz rechts auf dieser Straße, um dann nach links bei einem Wanderparkplatz wieder abzuzweigen und über die Wiesen mit dem schütteren Buschbewuchs aufzusteigen. Wir kommen in einen Waldwinkel, umrunden eine verwachsene, tief eingefallene Mulde auf einem Gratweg und steigen ostwärts am Grat zum höchsten Punkt auf, von dessen Wiesenrücken sich eine großartige Aussicht bietet. Dann gehen wir, immer der Markierung roter Balken folgend, wieder zum Wald, halten uns rechts, gehen steil in den Forst und erreichen die Felsformation Queste mit dem Buschkreuz auf dem Gipfel hoch über dem Durchbruchstal von Questenberg. Fünf Burganlagen haben der Questenberg und seine Umgebung zu bieten: Die Wallburg Queste erhebt sich auf der westlichen Anhöhe über dem Dorf. Hier fand man Siedlungsreste, die in die frühe Eisenzeit und in die frühe La-Tène-Zeit zurückreichen. Auf der gegenüber liegenden Anhöhe liegt die Wallburg Arnsberg. Hier entdeckte man Funde aus der Bronze- und der frühen Eisenzeit. Nördlich über dem Tal erhob sich die Wallburg Klauskopf, und bei der Klause stand vermutlich ein Wohnturm. Auf einem Bergsporn liegt die hoch aufragende, mittelalterliche Questenburg. An den Resten eines Bergfrieds kann man Spuren von Ritzzeichnungen einstiger Gefangener sehen. Der Name Queste geht auf das althochdeutsche Wort Queste (Laubbüschel) zurück. Die Queste auf dem Questenberg ist ein bis zu 12 Meter hoher, entasteter Eichenstamm mit Astansätzen, an dem an einem Querbalken der Questenkranz mit einem Durchmesser bis zu 3 Meter hängt. Hier wird alljährlich am Pfingstmontag ein Volksfest gefeiert. Der Ursprung des Festes ist eine Legende von einer verirrten Ritterstochter, die man einen Tag vor Pfingsten wohlbehalten bei einem Köhler wiederfand. Bei ihm hatte sie zum Zeitvertreib Kränze (Queste) gebunden. Aus Dankbarkeit über die wiedergefundene Tochter soll der Vater das Questenfest gestiftet haben.

Schon zeitig im Jahr finden sich im Wald bunte Blütentupfer.

Über Dittichenrode zurück

Von der Queste gehen wir südwärts hinunter ins Dorf und halten uns am Ortsbeginn rechts auf der Fahrstraße bei einem Weiher auf den Wald zu. An Forellenteichen vorbei kommen wir nach Wickerode, überqueren einen Bach und folgen bei einem Möbelhaus der Markierung grüner Balken nach rechts. Es geht westwärts aus dem Ort, geradeaus über eine Kreuzung und an einem Graben entlang. Bergab erreichen wir am Nordrand des Wachberges Dittichenrode, bewegen uns gleich am Ortsbeginn rechts aufwärts und schwenken im Linksbogen wieder nach Westen. Es geht hinauf zur Fahrstraße Roßla – Agnesdorf. In die biegen wir nach links ein. Im Bogen, am Rande des Reesberges, kommen wir hinunter nach Roßla zurück und auf der Agnesdorfer Straße über den Bahnübergang ins Ortszentrum.

27

Über den Scheerenstieg zum großen Hausberg

Ausgangsort und Zufahrt: Harzgerode liegt an einem Abzweig der Selkebahn, an der B 242, in die bei Alexisbad die B 185 einmündet. Der Ort ist das Zentrum des Unterharzes; die B 242 ist die Harzhochstraße.
Ausgangspunkt: Schützenstraße am Nordrand des Ortes.
Wegverlauf: Selketal – Selkemühle – Großer Hausberg bzw. Burg Anhalt – Wilhelmshof – Friederikenstraße – Harzgerode.
Wegcharakter: Der Abstieg ins Selketal ist dramatisch, aber gut zu gehen. Die Route durch das Selketal verläuft auf befestigter Straße, der Abstieg zur Wilhelmshöhe auf Forstwegen. Die Abzweigung zum Großen Hausberg bzw. zur Burg Anhalt ist etwas schlechter zu gehen, das Stück Wilhelmshof – Harzgerode ist wieder befestigt. Insgesamt eine etwas lange, aber bequeme Rundwanderung, die bei fast jeder Witterung zu gehen ist, ausgenommen nach

Der Ort war bis zur Jahrhundertwende Mittelpunkt des Bergbaues im Unterharz. Bis 1692 betrieb man eine Silberhütte, die vorwiegend Silber und Hartblei produzierte. Die Erze wurden aus den Schächten Meiseberg und Pfaffenberg bei Neudorf gefördert, aber man verarbeitete auch Silber und Erze aus Amerika und Australien. Erst 1909 wurde die Hütte stillgelegt.
In Harzgerode endet die Selketalbahn, die in Gernrode startet, das Rammbergmassiv überquert und bei 30 Prozent Gefälle und 118 Meter Höhenunterschied ins 3 Kilometer entfernt gelegene Mägdesprung rasselt. Dann fährt sie zum Badeort und Kurort Alexisbad und zieht bergauf nach Harzgerode. Zurück

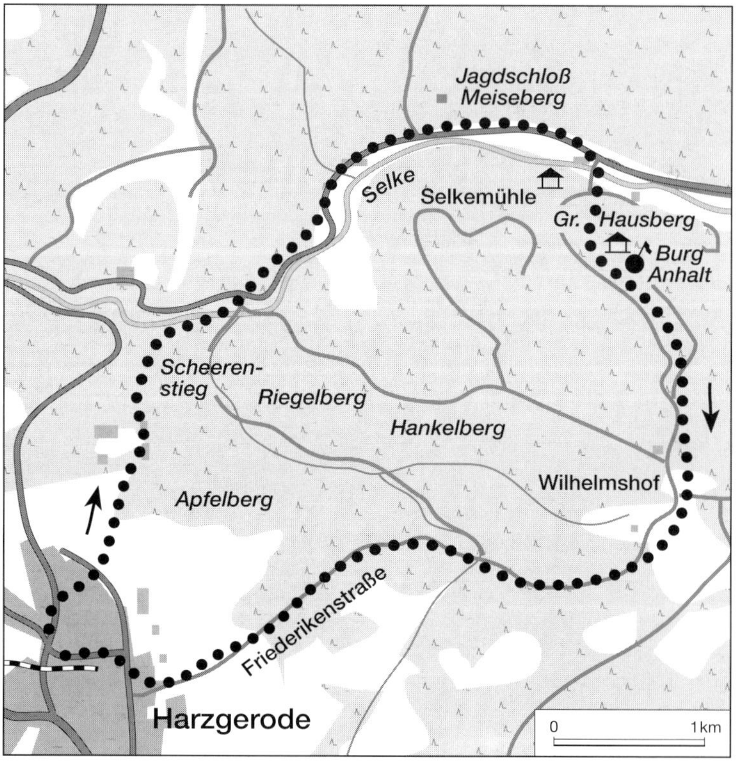

geht es in Richtung Alexisbad. 80 Meter Höhenunterschied sind dabei zu überwinden. Weiter nach Stiege zum Endpunkt an der Eisfelder Talmühle. Das sind insgesamt über 45 Kilometer. Die Eisfelder Talmühle ist dann der Umsteigebahnhof zur Harzquerbahn zwischen Nordhausen und Wernigerode. Seit dem 1. Juli 1992 kann man von Gernrode und auch von Harzgerode aus mit Umsteigen in Alexisbad direkt auf den Brocken fahren. Die Bahnlinie entstand 1886; sie ist die älteste Schmalspurbahn des Harzes und war ursprünglich für den Gütertransport im Zusammenhang mit den Erzlagern des Harzes und der Holzindustrie bestimmt. Heute steht die Anlage unter Denkmalschutz.

schweren Regen- und Schneefällen.

Weglänge: 12 Kilometer.

Gehzeit: 3½ Stunden.

Markierung: Rotes Kreuz, grüner Punkt, grüner Balken und roter Punkt.

Höhenunterschied: 150 Meter.

Einkehrmöglichkeit: Selkemühle.

Durchs Selketal zur Burg Anhalt

Von der B 242 zweigt am Südrand von Harzgerode die Augustenstraße ab, die sich in der Schützenstraße fortsetzt. Die Schützenstraße macht einen Knick aus der Nord- in die Nordwestrichtung, dann noch einen. Am zweiten Knick biegen wir rechts in einen Feldweg, der auf den Wald zuführt. Am Waldrand schwenkt der Weg ab, und wir folgen der Markierung grünes Kreuz. Es geht zunächst bergab, dann am Waldrand rechts in den Niederwald. Hier folgen wir einer tiefen Talschlucht auf einem schönen Hangweg im Mischwald. Bei einer Felsformation biegen wir hinunter und kommen über eine Bachbrücke. Hier erreichen wir ein Felstor, gehen links aufwärts und dann stetig im Mischwald bergab ins Tal. Wir kommen zur Brücke am Scheerenstieg, gehen darüber und wandern jenseits rechts auf der Straße durch das Selketal weiter. Am Scheerenstieg steht das Forstamt. Im Tal verläuft auch die Linie der Selketalbahn; wir kommen in hauptsächlich nördlicher Richtung an der Häusergruppe „Vierter Hammer" vorbei. Jetzt weitet sich das Tal, und wir erreichen die Selkemühle, ein Gasthaus mit Parkplatz. Die Weiterfahrt mit dem Pkw wäre hier nicht mehr möglich. Nach dem Gasthaus biegen wir rechts über die Brücke und folgen der Markierung roter Punkt. Die Kreuzung, die wir jetzt erreichen, erlaubt einen Abstecher zur Ruine Anhalt am Großen Hausberg, der knapp 400 Meter hoch ist. Die Steintrümmer finden sich an einem Ausläufer des Berges. Die Burg

Alte Steinbrücke im Selketal, in der Nähe der Selkemühle.

war Stammsitz der anhaltischen Fürsten und wurde schon 1140 das erste Mal zerstört. Seit dem 15. Jahrhundert ist sie dem Verfall preisgegeben. Wir steigen am besten wieder ins Bachtal hinunter, also zur Kreuzung, und gehen aufwärts, der Markierung roter Punkt nach. Auch die Markierung grüner Balken verläuft hier. Im großen Bogen wandern wir dann durch Niederwald zum höchsten Punkt bei einer großen Lichtung. Hier steht der Wilhelmshof, ein Forsthaus. Wir sind durch den Feuersteingrund aufgestiegen und wenden uns nun nach rechts auf den quer verlaufenden Forstweg, wo auch der Weg von der Burg Anhalt einmündet. Am Forsthaus vorbei kommen wir zu einer Abzweigung, der wir nach links in Richtung Schielo, einer Schutzhütte, folgen. Rechts führt der rote Punkt weiter. Rechter Hand liegt an einer Hangstraße eine große Waldwiese; links weitet sich das Grabental. Wir kommen an einer Unterstellhütte vorbei; ein Weiher liegt im Talboden. Der Hangweg wechselt im Tal hin und her. Rechts sehen wir Mundlöcher einer ehemaligen Grube. Der Waldrand wird erreicht. Über die sogenannte Friederikenstraße erreichen wir die Schützenstraße und wandern rechts zurück zum Ausgangspunkt.

Zur Ruine Lauenburg und Stecklenburg

28

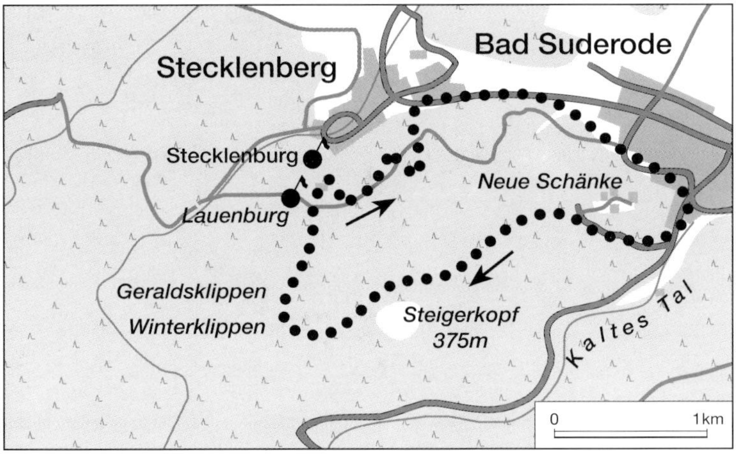

Bad Suderode liegt in 190 bis 230 Meter Höhe und ist von Waldbergen umgeben. An der unteren Chaussee, die nach Gernrode führt, steht der Hungerstein, der an das Hungerjahr 1847 erinnert.

Durch den „Franzosengraben"

Wir beginnen unsere Wanderung am Kurpark in Bad Suderode und spazieren am Rathaus vorbei in die Brinkstraße und auf einem schönen Waldweg zur Paracelsiusklinik und zum alten Forsthaus mit dem Namen „Neue Schänke". Von hier führt die Wanderung durch den „Franzosengraben", eine alte Verteidigungsstelle aus dem siebenjährigen Krieg (1756–1763). Wir erreichen bei einer Schutzhütte den „Alten Steiger", eine alte Straße, auf der sich schon die Heerhaufen des Dreißigjährigen Krieges bewegten. Ihr folgen wir etwa 200 Meter in Richtung Friedrichsbrunn. Rechter Hand verläuft dann ein etwas versteckter Weg nordwärts 2 Kilometer lang durch herrlichen Mischwaldbestand zur 350 Meter hoch gelegenen Ruine der Reichsfeste Lauenburg. Man sieht schon von Ferne den Berg-

Ausgangsort und Zufahrt: Bad Suderode grenzt westlich an Gernrode an. Es ist ein Rodungsgebiet südlich der Stadt Quedlinburg im Sonnenland des Harzes, eine klimatisch begünstigte Mulde zwischen dem Nordrand der Harzberge und den Sandsteinbergzügen der Teufelsmauer. Eine Zufahrt gibt es aus dem Harzinneren von Harzgerode. Am Harznordrand verläuft eine Straße, die Blankenburg mit Aschersleben verbindet und an Bad Suderode vorbeiführt.
Ausgangspunkt: Kurpark in Bad Suderode.
Wegverlauf: Kurpark – „Neue Schänke" – Alter Steiger – Lauenburg – Stecklenburg – Radiumquelle oder Stecklenberg.
Wegcharakter: Eine verhältnismäßig kurze Wanderung zu einigen historischen Höhepunkten und durch eine reizvolle Harzlandschaft auf ausschließlich guten Wegen, die aber nach der Wegbeschreibung

gefunden werden müssen. Es gibt keine Markierung.
Weglänge: 10 Kilometer.
Gehzeit: 3½ Stunden.
Markierung: Keine.
Höhenunterschied: 220 Meter.
Einkehrmöglichkeiten: In Bad Suderode Pension „Waldblick“, Pension „Am Kurpark“, Gaststätte „Reißaus“, Kurcafé, „Pückemühle“, unterwegs das Café in Stecklenberg.

Häuserfassade in Bad Suderode. Berühmt ist Bad Suderodes ausgezeichnete Solquelle.

fried der Vorburg, die direkt am Weg steht. Die Lauenburg ist eine Burg Heinrichs des Löwens, die im 11. Jahrhundert erbaut wurde. Sie gehört zum Burgengürtel um den Harz, der Reichsbannforst war. Nach der Harzburg in Bad Harzburg war sie die stärkste Anlage im Harzgau. Von der Lauenburg aus hat man eine gute Sicht über das Harzvorland.

Zur Ruine Stecklenburg

In der Hauptrichtung nach Süden spazieren wir nun weiter zur Ruine der Stecklenburg, einer Straßenburg, die in der zweiten Hälfte des 18. Jahrhunderts ausbrannte. Beide Burgruinen stehen unter Denkmalschutz und befinden sich oberhalb des Ortes Stecklenberg. Beim Weiterweg muß man sich entscheiden: Entweder geht man direkt nach Stecklenberg oder über die Radiumquelle durch das Röhrengrundtal zur Suderoder Landstraße. Vor der Radiumquelle kann man auf Bänken rasten. Von der Suderoder Landstraße führt der mit einem blauen Punkt markierte Wanderweg über die Elfenwiese an der Försterei vorbei nach Bad Suderode, allerdings nicht über Stecklenberg. Wer über Stecklenberg geht, spaziert dann auf der Landstraße ostwärts zurück nach Bad Suderode.

Durchs Kalte Tal zum Saalstein

29

Entlang dem Kalten Talbach

Wir folgen dem Weg durch den Kurpark, vorbei am Sportplatz und der Gaststätte „Felsenkeller“ in den Laubwald hinein. Der Kalte Talbach leitet uns zum in seiner alten Schönheit wiederentstandenen Fischteich. Links des Weihers erhebt sich der anhaltische Saalstein. Auf der rechten Seite des Weges erblicken wir anhaltische Grenzsteine, die in früheren Zeiten die Grenze zwischen Anhalt und Preußen markierten. Hinter dem Fischteich befinden sich die alten Zisternen von Bad Suderode. Sie dienten bis 1961 der Wasserversorgung des Ortes. Seitdem erhielt Bad Suderode das Wasser über die Bodetalleitung. Die Zisternen wurden dann nicht mehr genutzt und waren dem Verfall preisgegeben. Jetzt werden sie wieder restauriert und sind technisches Denkmal und Notwasserversorgung für den Ort. Unser Weg führt nun nach links über eine Brücke, auf der wir den Kalten Talbach überqueren. Das Tal, das wir durchwandern, verengt sich sehr stark. Links erhebt sich der anhaltische Saalstein, rechts der preußische. Parallel zum Weg verlaufen die Straße von Bad Suderode nach Friedrichsbrunn und natürlich der Kalte Talbach. Das enge, schöne Tal verlassen wir nach etwa 200 Metern über die Silbertreppe. Hier wandern wir links den Weg zu einer Vielfachkreuzung hinauf bis zu einer Schutzhütte.

Über die Kanzel

Von der Schutzhütte halten wir uns erneut links zur Kanzel auf dem anhaltischen Saalstein, die 350 Meter hoch liegt. Von hier bietet sich ein schöner Blick ins Kalte Tal und auf den preußischen Saalstein. Der Weiterweg leitet uns auf dem Grenzweg in Richtung Gernrode. An der linken Seite des Grenzweges befinden sich die preußischen Grenzsteine, auf der rechten Seite die anhaltischen. Nach etwa 2 Kilometern in Richtung Gernrode

Ausgangsort und Zufahrt: Bad Suderode liegt südlich von Quedlinburg, westlich an Gernrode anschließend, am Nordostrand des Harzes in einer Mulde zwischen der Teufelsmauer und den Harzbergen in 190 bis 230 Meter Höhe.
Ausgangspunkt: Kurpark Bad Suderode.
Wegverlauf: Kaltes Tal – Düstere Berge – Schwedderberg.
Wegcharakter: Von der Länge her mehr oder weniger ein Spaziergang, der aber durch die Auf- und Abstiege etwas mehr Zeit als üblich erfordert. Ein interessanter Aussichtspunkt ist der Preußenturm am Schwedderberg.
Weglänge: 8 Kilometer.
Gehzeit: 3 Stunden.
Markierung: Keine.
Höhenunterschied: 150 Meter.
Einkehrmöglichkeiten: In Bad Suderode Pension „Waldblick“, Pension „Am Kurpark“, Gaststätte „Reißaus“, Kurcafé, „Pückemühle“.

Der Kalte Talbach führt zum idyllisch gelegenen Fischteich.

kommen wir zu mehreren Wegabzweigungen. Wir halten uns links in Richtung Bad Suderode und nach etwa 100 Metern rechts in Richtung Preußenturm. Dieser Mitte des 19. Jahrhunderts erbaute Aussichtsturm ist 1953 erneuert. Er steht auf dem Schwedderberg und bietet einen schönen Überblick über Bad Suderode, Gernrode und Rieder und sogar bis zur Kreisstadt Quedlinburg. Bei guter Sicht ist der Brocken zu sehen. Vom Preußenturm leitet ein Weg direkt in den Kurpark von Bad Suderode zurück.

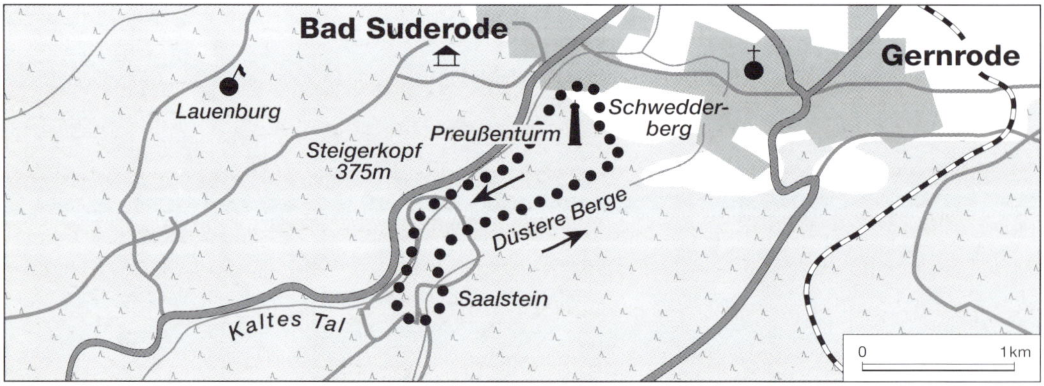

Rosarium, Bergbau-museum und Grillenberg

30

500 000 Jahre ist das Mammut alt, dessen vollständiges Skelett Tischlermeister G. A. Spengler 1930 in einer Kiesgrube bei Edersleben in der Nähe von Sangerhausen in 6 Meter Tiefe fand. Die Tiere waren zu Lebzeiten etwa 6 Meter lang, 4 Meter hoch und 8 Tonnen schwer. Die Stoßzähne waren 2,20 Meter lang. Im Spenglermuseum in Sangerhausen kann man dieses Skelett bewundern. 1903 gründete der Verein Deutscher Rosenfreunde ein Rosarium, dem die Stadt ihren Beinamen „Rosenstadt" verdankt. Über 6500 Rosenarten und -sorten sind auf einer Fläche von etwa 15 Hektar untergebracht, neben Neuzüchtungen international berühmte Rosensorten und zahlreiche Wildrosenarten. Die 800jährige Bergbaugeschichte der Kupferschiefergewinnung bei Sangerhausen erzählt das Bergbaumuseum Röhrigschacht Wettelrode. Ein nachgebildeter Streckenvortriebsort mit Originalausrüstung läßt den Besucher den Aufwand der Erschließung der Lagerstätte erahnen. Von besonderer Bedeutung ist das stählerne Fördergerüst, das zu den ältesten noch erhaltenen in Europa gehört und mit seiner Trommelfördermaschine aus dem Jahre 1922 stammt.
Wir kommen bei unserer Wanderung ebenso daran vorbei wie an der Grillenburg, die um 1200 erbaut wurde. Von ihr aus hat man einen großartigen Ausblick auf Sangerhausen, über die Goldene Aue und auf das Kyffhäusergebirge.

Am Thomas-Müntzer-Schacht vorbei

Am nordwestlichen Rand der Stadt, jenseits der Bahnlinie, steht gleich nach dem Bahnübergang bei einer Wegverzweigung ein Stein mit eingravierten Weghinweisen. Wir halten uns rechts in Richtung Tierheim am Ende der Bebauung und wandern hier über einen Feldweg steil bergauf, der Markierung grüner Balken nach. Rechter Hand liegt die mächtige Halde des Thomas-Müntzer-Schachtes, deren Anblick uns noch ein ganzes Stück lang begleiten wird. Zwischen Wald- und Busch-

Ausgangsort und Zufahrt: Sangerhausen liegt am Südrand des Harzes, im östlichen Teil der Goldenen Aue an der Gonna, einem Nebenfluß der Helme, und an der B 80 und B 86 sowie an der Bahnlinie Halle – Erfurt bzw. Nordhausen.
Ausgangspunkt: Bahnübergang am Nordwestrand des Ortes bzw. beim Tierheim.
Wegverlauf: Lengefeld – Kunstteich Wettelrode – Wettelrode – Obersdorf – Grillenberg – Obersdorf – Gonna – Hüttenmühle – Walkmühle – Kupfermühle – Sangerhausen.
Wegcharakter: Eine sehr lange Wanderung ohne große Steigungen und Gefälle zu hochinteressanten Punkten. Der Weg nach Lengefeld ist etwas schwierig zu finden. Gut ausgeschildert ist vor allem der Teil des Karstwanderweges zwischen dem Kunstteich und Obersdorf. Der Rückweg erfolgt parallel zur befestigten Straße, aber auf guten Wegen. Da es sich um eine volle

Tagestour handelt, ist es vorteilhaft, daß sich eine Reihe von Einkehrmöglichkeiten anbietet.
Weglänge: 20 Kilometer.
Gehzeit: 6 Stunden.
Höhenunterschied: 110 Meter.
Markierung: Grüner Balken, roter Punkt, roter Balken.
Einkehrmöglichkeiten: Im Lengefeld Gasthaus „Schwarzer Adler"; in Wettelrode Gasthaus „Deutsches Haus"; in Grillenberg Gasthaus „Zur Grillenburg"; Kupfermühle und Gasthäuser in Sangerhausen.

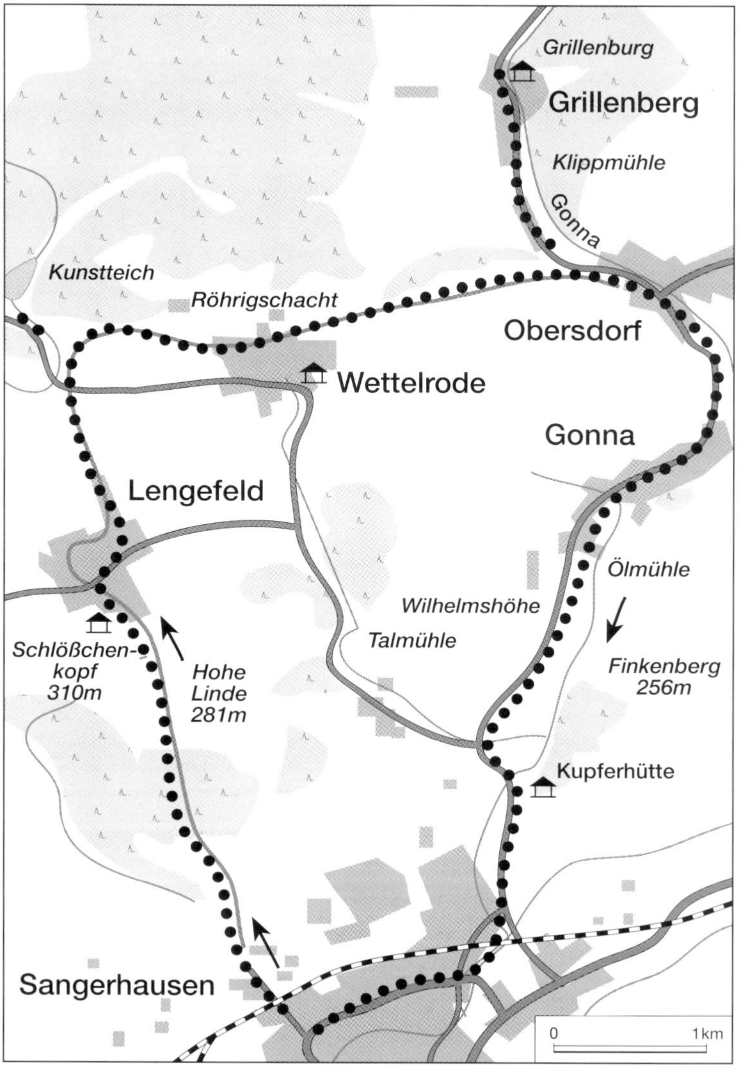

inseln sowie Wochenendhäusern kommen wir zum Waldrand, halten uns hier links in nördlicher Richtung in den Mischwald hinein: eine Markierung roter Punkt taucht auf, und bald verlassen wir das Waldstück, dessen höchste Erhebung linker Hand der 310 Meter hohe Schlößchenkopf ist. Es geht noch etwas aufwärts in die Felder hinein, dann den Hügel hinunter. Vor uns in einer weiten Mulde liegt der kleine Ort Lengefeld. Wir kom-

men im Linksbogen in den Ort hinein, schwenken rechts haltend zur Hauptstraße. Linker Hand steht die Kirche, wir biegen nach rechts ab. Am Gasthaus „Schwarzer Adler“, einer sehr preiswerten Einkehrstation, kommen wir vorbei und biegen am Ortsende links aufwärts ab. Eine Häuserreihe begleitet uns noch nordwärts in Richtung Pfaffenberg. Auf der Anhöhe treffen wir auf einen Wegweiser. Jetzt gehen wir zur Fahrstraße hinunter und überqueren sie links versetzt, folgen dann einer Buschreihe aufwärts über einen Buckel und kommen erneut zum Waldrand. Die Markierung roter Balken leitet uns nach links. Ein Waldrandweg führt uns durch eine romantische Szenerie westwärts, bis wir über einen Pfad zum Speicher Wettelrode kommen, einem Kunstteich. Von hier aus könnten wir durch den Forst und schließlich durchs Hohesteintal nach 5 Kilometern Grillenberg ansteuern. Interessanter aber ist der Weg zunächst am Waldrand entlang und zurück zu unserer Abzweigung. Er ist ein Teilstück des Karstwanderweges, den wir auf zwei anderen Wanderungen bereits begangen haben. Wir steuern nun auf den Röhrigschacht zu, dessen Förderturm schon von weitem zu sehen ist. Dieser Schacht liegt in einer typischen Bergbaulandschaft mit zahlreichen Spuren aus acht Jahrhunderten Bergbautätigkeit. Nach dem Durchschlag im August 1951 diente er als Wetterschacht für den Thomas-Müntzer-Schacht Sangerhausen. Als Museum wird ein Teil des Grubenfeldes seit 1991 genutzt. Die Besucher fahren mit Schachtförder-Einrichtungen senkrecht etwa 300 Meter tief auf das Niveau der ersten Sohle. Es folgt eine 800 Meter lange Fahrt mit der Grubenbahn. Auf einer 200 Meter langen Führungsstrecke wird die Abbauentwicklung des Kupferschiefers von den Anfängen um 1200 bis zur Einstellung des Bergbaues 1990 vermittelt. Zum Museum gehören auch Ausstellungsräume mit Zeugnissen aus der Bergbaugeschichte bis zur Gegenwart. Geöffnet ist das Museum Mittwoch bis Sonntag von 10 bis 17 Uhr. Seilfahrten gibt es um 10, 11.15, 12.30, 13.45 und 15 Uhr. Die Exkursion dauert 75 Minuten.
Wir wandern in den Ort hinein und kommen zum Gasthaus „Deutsches Haus“. Hier halten wir uns links bergab und spazieren ostwärts aus der Gemeinde. Es geht zunächst stetig hinunter über einen Feldweg. Bei einer Kreuzung schwenken wir

Das 1903 gegründete Rosarium beherbergt über 6500 Rosenarten und verhalf Sangerhausen zum Beinamen „Rosenstadt“. Zur Blütezeit sollte man einen Besuch dieser romantischen Anlage auf keinen Fall versäumen.

nach links. Hier haben wir einen weiten Blick über die Goldene Aue und auf den Kyffhäuser. Auf der Höhe bewegen wir uns wieder nach rechts, nach Osten, und sind bald auf einem Teerweg, der wieder stetig abwärts führt nach Obersdorf. Bei der Kirche halten wir uns rechts auf der Hauptstraße. Ein Schild weist zum Karstwanderweg: wir spazieren in der Hauptstraße links aufwärts und erreichen nach gut 1 Kilometer Grillenberg, das von 400 Meter hohen Bergen umgeben im Tal der Gonna am Südrand des Harzes liegt. Einkehren können wir bei der Kirche mit dem viereckigen Mastturm in Gasthaus „Zur Grillenburg“. Im Ort gibt es auch ein Bad und den Rastplatz „Harzhexe“, wo ein Naturlehrpfad beginnt. Er zieht auch an der Grillenburg vorbei. Wir spazieren auf dem Herweg zurück, an der Klippmühle und dem Forsthaus Pölsfeld vorbei, nach Obersdorf und wenige 100 Meter weiter nach Gonna. Über dem Gonnaflüßchen können wir nun, begleitet von Waldstreifen, an Ölmühle, Hüttenmühle und Walkmühle vorbei zur Kupferhütte bei Sangerhausen wandern, von diesem Erholungszentrum dann unmittelbar vor den Bahngleisen nach rechts abzweigen und parallel zur Bahnlinie zum Ausgangspunkt zurückkehren.

Kleiner Reiseführer: Eine Auswahl interessanter Harzorte von A–Z

Altenau

Altenau ist die jüngste der sieben Oberharzer Städte und liegt im Herzen dieser Region. Die B 498 führt durch den Ort an der Oker, nahe der Okertalsperre. Die Förderung von bleihaltigem Silber und von Eisen ließ die 1623 zum ersten Mal erwähnte Ansiedlung entstehen. Die Gruben wurden bis 1762 stillgelegt. Heute ist Altenau heilklimatischer Kurort und Wintersportplatz. Sehenswert ist das Haus Breitestraße 4 mit der Gedenktafel für den Maler und Heimatdichter Karl Reinicke (gestorben 1943) und der Holzbau der Pfarrkirche St. Trinitatis in der Bergstraße 1. Im alten Rathaus übernachtete Goethe 1777 vor seiner Brockenbesteigung, der ersten Winterbesteigung überhaupt. Sehenswert in der Umgebung sind der Dammgraben, das Oberharzer Wasserregal, die Lebensader des Oberharzes, erbaut 1732 bis 1734. Es führt das Wasser von den Hochmooren des Brockenfeldes zu den Clausthaler Höhenteichen. Eine Attraktion ist der Okerstausee, die größte Talsperre im Oberharz. Von dem Ortsteil Torfhaus mit den Sendeanlagen des Norddeutschen Rundfunks und der Deutschen Bundespost in 811 Meter Höhe kann man den Brocken sehen. Auf dem Goetheweg, der 8½ Kilometer lang ist, kann man den Brocken besteigen. In Meiers Schnitzstube werden Wunder in Holz gezeigt. Den Winterurlaubern werden Sprungschanze, Skilifte, Übungshänge und Rodelbahn geboten. Auf dem Okerstausee kann man Wassersport betreiben.
Wandermöglichkeiten: Siehe Wanderung 9.
Weitere Auskunft: Kurbetriebsgesellschaft „Die Oberharzer", Schulstraße 5, 38707 Altenau-Torfhaus, Telefon 053 28/80 20, Telefax 053 28/8 02 38.

Aschersleben

Die Kreisstadt liegt an einem Nebenfluß der Wipper im nordöstlichen Harzvorland. Die Besiedlung der Gegend geht auf die Jungsteinzeit zurück. Im 5. Jahrhundert war Aschersleben Siedlung des Thüringer Reichs. Später kamen Hessen und Schwaben aus dem Frankenreich dazu. Die Burg bildete den Stammsitz des Fürstenhauses der Askanier. Die Stadt selber hat sich im 9. Jahrhundert um eine alte Thingstätte entwickelt.
Sehenswert sind Stadtbefestigung mit fünfzehn noch erhaltenen Türmen der Stadtmauer; die spätgotische St.-Stephanie-Kirche, der frühgotische Bruchsteinbau der Franziskanerkirche, die ab 1568 neu erbaute Margaretenkirche in der Neustadt, das Rathaus aus dem Jahre 1518 und vor allem die alte Burg, wo ein Naherholungsgebiet mit Tierpark, Aquaterrarium und Planetarium entstanden ist.
Wandermöglichkeiten: Zur Burgruine Arnstein im Einetal, zur Konradsburg, zur Burg Falkenstein, nach Ballenstädt, Sternhaus und zur Viktorshöhe, nach Gernrode mit der Stiftskirche. Empfehlenswert ist auch eine Fahrt mit der romantischen Selketalbahn.
Weitere Auskunft: Stadtverwaltung Aschersleben, Hohestraße 7, Kulturamt, 06449 Aschersleben; Telefon 034 73/71 51 und Aschersleben-Information, Taubenstraße 6, Telefon 034 73/42 46.

Bad Frankenhausen

Das Solbed am Südrand des Kyffhäusers liegt in der „Diamantenen Aue". Der Salzhandel erreichte im 16. Jahrhundert seine Blütezeit. Auf dem Weißenberg nördlich über der Stadt fand im Bauernkrieg des Jahres 1525 eine große Schlacht statt. Die Unterkirche und die baufällige Oberkirche, deren schiefer Turm ein Wahrzeichen der Stadt ist, Rathaus und Schloßanlage, Hausmannsturm der zum Schutze der Salzquellen angelegten Oberburg, Haus der Gastwirtschaft „Zum Schwan" von 1555, Kurpark Botanischer Garten. Die Stadt hat zahlreiche Kureinrichtungen und ein Freibad.
Wandermöglichkeiten: Zum Kyffhäuserdenkmal , zur Barbarossahöhle, zur Kaiserpfalz nach Tilleda, zum Stausee bei Kelbra, zum Fernsehturm mit Panoramacafé und zur Rothenburg am Nordrand des Kyffhäusers.
Weitere Auskunft: Kyffhäuser Fremdenverkehrsverband e. V. Anger 14, 06567 Bad Frankenhausen, Telefon 03 46 71/30 37 und 31 86, Telefax 03 46 71/41 26.

Bad Harzburg

Über der Stadt auf dem Burgberg steht die erste und wichtigste der Harzburgen. Innerhalb der Burganlage hat man 1569 die Salzquelle entdeckt. Neben den Burgruinen auf dem Burgberg ist Schloß Bündheim sehenswert. Das „Haus der Natur" im Kurpark zeigt Geologie, Fauna und Flora des Harzes. Im Wildgehege kann man Rot-, Damm- und Muffelwild beobachten, und Pferdeliebhaber wird die schönste Naturrennbahn Deutschlands reizen.
Wandermöglichkeiten: Zur Sennhütte, zum Kreuz des Deutschen Ostens, zum Radauwasserfall, zur Eckertalsperre, zur Kattnäse über die Rabenklippe, zur Wernigeröder Bank, ins Eckertal, zum

Das Polstertaler Huthaus bei Altenau.

Großen Burgberg, zur Rabenklippe, zum Elfenstein, zur Okertalsperre, zur Brockenschneise, zum Butterberg, zum Molkehaus, ins Riefenbachtal.
Weitere Auskunft: Kurbetriebsgesellschaft Bad Harzburg GmbH, Postfach 1363, 1365, 38667 Bad Harzburg, Telefon 053 22/7 53 30, Telefax 053 22/7 53 33.

Bad Lauterberg

Das älteste deutsche Kneippheilbad liegt am Südrand des Harzes im Odertal. Zu Füßen der Burg von 1183 begann im 15. Jahrhundert der Bergbau. In der Umgebung schürfte man Kupfer; heute noch baut man Schwerspat ab. Besichtigen kann man die Scholmzeche, einen Stollenverbund aus ehemaligen Gruben des Kupferbergbaues, Heimatmuseum, Kurpark, Andreaskirche von 1571. In der Umgebung sind interessant: die Burg Scharzfeld, die Einhornhöhle, wo man prähistorische Knochen gefunden hat, die Steinkirche, Bismarckturm und die Rhumequelle, eine der ergiebigsten Quellen Deutschlands.
Wandermöglichkeiten: zum Großen Knollen, zur Ruine Scharzfels, zum Soldatengrab, dem höchsten und schönsten Aussichtsberg der näheren Umgebung.
Weitere Auskunft: Kurverwaltung Haus des Kurgastes, Postfach 129, 37431 Bad Lauterberg im Harz, Telefon 055 24/40 21, Telefax 055 24/55 06.

Bad Salzgitter

Die Stadt im nördlichen Vorland des Harzes an der A 39 lebte und lebt vom Salz. Die ersten menschlichen Ansiedlungen soll es schon vor hunderttausend Jahren in der Altsteinzeit gegeben haben. 1985 erfolgte die staatliche Anerkennung als Ort mit Solekurbetrieb. Bad Salzgitter ist ein attraktives Urlaubsziel mit zahlreichen Freizeit- und Sportangeboten, mit Museen, Bibliotheken und historischen Festen. In der Geschichte der Stadt hatte das Musikantenwesen große Bedeutung. Die „Klesmer“ aus Salzgitter zogen in alle Welt und schufen sogar eine eigene Sprache. Sehenswert sind die Altstadt, die 1236 erbaute Kapelle in Engerrode, das Gut in Flachstockheim, die um 1160 von Heinrich dem Löwen erbaute Burg in Lichtenberg, in Gebhardshagen die um das Jahr 1000 entstandene Wasserburg, in Ringelheim das im 10. Jahrhundert gegründete Kloster, das Schloß in Salder und das im Jahre 1003 gegründete Stift Steterburg.
Wandermöglichkeiten: Von Salzgitter-Lebenstedt führt eine 12 Kilometer lange Wanderung zum Bismarckturm, einem Aussichtsturm auf dem Harnberg.
Weitere Auskunft: Thermal-Solbad Bad Salzgitter GmbH, Vorsalzer Straße 11, 38259 Bad Salzgitter 51, Parkallee 3; Telefon 053 41/3 09 80, Telefax 053 41/30 98 50.

Bad Suderode

Der als südliche Rodung von Quedlinburg entstandene Ort wird 1179 erstmals erwähnt. Eine Quedlinburger Äbtissin rühmte 1480 die Salzquelle. Solbad ist der Ort am Nordrand des Unterharzes. Sehenswert ist die romanische Dorfkirche. Westlich des Ortes liegt Stecklenberg, überragt von der Burg aus dem 12. Jahrhundert mit gleichem Namen und der Lauenburg, einer der größten deutschen Burganlagen. Obst- und Weinbauern aus der Pfalz siedelten hier auf Anweisung Friedrichs des Großen 1767 bis 1775 an. Das undurchdringliche Waldgebiet über dem Ort am Müncheberg ist Naturschutzgebiet. Von Gernrode aus fährt die älteste Schmalspurbahn des Harzes, die Selketalbahn, nach Hasselfelde.
Wandermöglichkeiten: Siehe Wanderungen 28 und 29.
Weitere Auskunft: Touristeninformation, 06507 Bad Suderode.

Benneckenstein

Die Stadt im Hochharz liegt fast genau in der Mitte zwischen Wernigerode und Nordhausen an der Harzquerbahn auf einem Hochplateau. Preußen verlieh Benneckenstein das Stadtrecht. Bald nach der ersten Besiedlung der Gegend entdeckte man hier Erzlager. Schmelzhütten, Hammerwerke und Gießereien entstanden, die Holzköhlerei blühte; Nagelschmieden waren noch im 19. Jahrhundert ein wichtiger Erwerbszweig. Benneckenstein ist Höhenluftkurort und Wintersportplatz. Es gibt Rodelbahnen, eine Sprungschanze und viele Wanderwege. Der Weg zur Rotheshütte eignet sich auch für Radwanderer.
Weitere Auskunft: Kurverwaltung Benneckenstein Haus des Gastes am Kurpark, 38877 Benneckenstein, Telefon 03 94 57/26 12, Telefax 03 94 57/26 13.

Blankenburg

Die Stadt in einer Mulde am Nordrand des Unterharzes, zwischen den Ausläufern des Harzes, der Teufelsmauer und des Regenstein wird von der B 6, der B 27 und der B 81 erreicht, die sich hier kreuzen. Geschichtliche Urkunden über die Stadt gehen auf das Jahr 1123 zurück. Seit 1233 ist das Rathaus nachweisbar. Die St.-Bartholomäus-Kirche stammt aus dem 13. Jahrhundert; Stadtmauer, Tierpark, historische Fachwerkhäuser, wie das seit dem Mittelalter bestehende St.-Georgs-Hospital. Das 1725 gebaute, kleine Schloß ist jetzt Museum der Stadt Blankenburg. Auf einem markanten Felssporn stehen die Reste der 1169 zuerst genannten Burg Regenstein, in einem malerischen Talkessel das ehemalige Zisterzienserkloster Michaelstein. Die St.-Michaels-Kirche geht auf das Jahr 956 zurück, die Klostergründung an der heutigen Stelle auf das Jahr 1147. Einen Besuch wert ist auch das Herbergsmuseum mit der historischen Gesellenherberge.
Wandermöglichkeiten: Siehe Wanderung 21.
Weitere Auskunft: Stadt Blankenburg/Harz, Stadtverwaltung, Harzstraße 2–3 Rathaus, 38889 Blankenburg/Harz; Telefon 039 44/51 02, Telefax 039 44/40 11.

Braunlage

Der bedeutende Kurort liegt am Fuße des Wurmberges, zwischen Unter- und Oberharz, am Kreuzungspunkt der B 27, B 4 und B 242. Um 1200 entstand hier das erste Hüttenwerk. Man förderte Eisenerz, Silber, Kupfer, Kobalt und Mangan. Auf dem durch eine Seilbahn erschlossenen Wurmberg über der Stadt hat man vorgeschichtliche Kultstätten gefunden, vermutlich ein keltisches Heiligtum. Ein Aussichtsturm bietet einen großartigen Blick, vor allem auf den nahen Brocken. Bekannt ist der Braunlager Skimarathon und das 20-Kilometer-Skifahren, das alljährlich durchgeführt wird. In Braunlage gibt es ein Heimatmuseum und ein Eisstadion; der Wurmberg bietet Lifte und Pisten.
Wandermöglichkeiten: Auf den Wurmberg, auf die Achtermannshöhe, auf den Brocken, ins Bremketal, zu den Bodewasserfällen, ins Brunnenbachtal, ins Drecktal, auf dem Kaiserweg ins Bodetal und auf zahlreichen anderen kürzeren oder längeren Routen.
Weitere Auskunft: Kurverwaltung Braunlage, Kurbetriebsgesellschaft GmbH, Elbingeröder Straße 17, 38700 Braunlage, Telefon 055 20/10 54 und 10 55, Telefax 055 20/ 36 66.

Die alte Kaiserpfalz in Goslar.

Clausthal-Zellerfeld

Clausthal-Zellerfeld liegt im Herzen des Oberharzes an der Kreuzung B 241 und B 242. Die 66 Teiche in der Umgebung wurden einst als Wasserkraft für den Bergbau genutzt. Die seit 1775 gegründete Bergbauschule im Ort ist die kleinste Technische Universität der Bundesrepublik. Die 1642 geweihte Marktkirche zum Heiligen Geist ist die größte Holzkirche Deutschlands. Ihr gegenüber steht das Rathaus aus dem Jahre 1730, in dem Goethe 1777 bei seiner Harzreise übernachtete. Aus dem 18. und 19. Jahrhundert gibt es im Ort noch einige gut erhaltene ehemalige Bergarbeiterhäuser. Am westlich von Clausthal gelegenen Ottiliae-Schacht steht das älteste stählerne Fördergerüst Mitteleuropas. In Zellerfeld finden wir in einem Haus von 1674 die älteste Apotheke des Oberharzes. Im Dietzelhaus aus dem Jahre 1673 wurde einst die aus dem Erzgebirge mitgebrachte Kunst des Klöppelns gepflegt; in der Bornhardtstraße befindet sich das Oberharzer Bergwerksmuseum.
Wandermöglichkeiten: Siehe Wanderung 6.
Weitere Auskunft: Kurgeschäftsstelle Clausthal-Zellerfeld im Alten Bahnhof, 38678 Clausthal-Zellerfeld, Telefon 053 23/ 810 24.

Duderstadt

Die Stadt ist politischer, wirtschaftlicher und kultureller Mittelpunkt des

Untereichsfelds im südwestlichen Vorland des Harzes. Die Existenz des Ortes läßt sich bis ins erste Drittel des 10. Jahrhunderts zurückverfolgen. Damals unterhielten die Ludolfinger hier eine Pfalz. Trotz zahlreicher Großbrände ist das mittelalterliche Stadtbild fast vollständig erhalten. Über fünfhundert Fachwerkhäuser aus den unterschiedlichsten Stilepochen prägen es. Ein Höhepunkt mittelalterlicher Baukunst ist das Rathaus. Die eindrucksvolle Probsteikirche St. Cyriacus, auch Eichsfelder Dom genannt, ist neben dem Rathaus das älteste Bauwerk der Stadt. Auf das Jahr 1370 geht die evangelische Pfarrkirche St. Serviatius zurück.
Wandermöglichkeiten: Zum Pferdeberg, zum Euzenberg, zur Roten Warte, auf den Breitenberg, durchs Kirchental, auf den Kuhhirtsberg, nach Desingerode, auf den Fuchsberg, zu den Hügelgräbern, nach Esplingerode, um den Siebigberg.
Weitere Auskunft: Stadtverwaltung Duderstadt, Rathaus, Marktstraße 66, 37115 Duderstadt, Telefon 055 27/84 12 11, Telefax 055 27/84 12 01.

Elbingerode

Elbingerode liegt an der Kreuzung der B 27, B 81 und B 244 im nördlichen Teil des Unterharzes. Von dem 1514 erbauten Schloß sind noch Grundmauern erhalten. Ein Gedenkstein erinnert an den Aufenthalt Goethes vom 1. bis 3. Dezember 1777. Der bergbaugeschichtliche Lehrpfad dokumentiert 400 Jahre Eisenerzbergbau. In nächster Nachbarschaft von Elbingerode befindet sich der weltbekannte Höhenkurort Rübeland mit der Baumannshöhle und der wegen ihrer Kristallkammer berühmten Herrmannshöhle.
Wandermöglichkeiten: Siehe Wanderung 16.
Weitere Auskunft: Fremdenverkehrsamt, Markt 3, Postfach 10, 38875 Elbingerode/Harz; Telefon 09 27 94/23 65.

Friedrichsbrunn

Der Ort halbwegs zwischen dem südlich gelegenen Kurort Stolberg und der am Nordrand des Harzes gelegenen Stadt Thale wurde durch die Initiative Friedrichs II. gegründet. Nur Nebenstraßen, die bei Güntersberg und bei Stiege von der B 242 abzweigen, führen nach Friedrichsbrunn, das 1911 Höhenluftkurort wurde.
Wandermöglichkeiten: Es gibt ein Netz von etwa 80 Kilometern gut gekennzeichneter Wanderwege in der Umgebung von Friedrichsbrunn. Dazu gehört auch ein Naturlehrpfad, der Naturfreunde und Wanderer einlädt. Eine Attraktion ist der Ramberger Höhenweg, der über die Viktorshöhe führt. Ein hübscher Rundwanderweg läßt die Adlereiche erreichen und den Schlackenborner Teich. Ein anderer nennt sich Tälerweg und führt über den Gondelteich zum Forsthaus Uhlenstein. Interessant ist auch der historische Grenzweg über Wiesen und an Gewässern entlang. Lohnend ist die zweistündige, bezeichnete Wanderung auf die Viktorshöhe. Der Weg beginnt am Wanderparkplatz am Fuße des Ramberges.
Weitere Auskunft: Kurverwaltung/Touristinformation Hauptstraße 116, 06507 Friedrichsbrunn, Telefon 03 94 87/288.

Goslar

Goslar, die alte Kaiserstadt am Rande des Naturparks Harz liegt am Schnittpunkt der B 82, B 241 und B 6. Von hier aus lenkten Kaiser wie Heinrich II. am Beginn des 11. Jahrhunderts bis zu Lothar III. Mitte des 12. Jahrhunderts die Geschicke des Reiches. Zahlreiche Baudenkmäler, die bis ins 11. Jahrhundert zurückreichen, prägen das Stadtbild, dazu viele Fachwerkhäuser, überragt von mächtigen Kirchtürmen. Das stattliche Gebäude der Kaiserpfalz entstand 1039 bis 1056 unter Heinrich III. Durch die Erz- und Silbervorkommen am Rammelsberg und den Münzgewinn wurde Goslar Handelsmacht und gehörte zu den Gründern der Hanse. Wer die Stadt besucht, findet einen Glanzpunkt nach dem anderen: die Pfalzkapelle St. Ulrich mit dem Sarkophag Heinrichs III., die Domvorhalle mit dem romanischen Kaiserstuhl, die Marktkirche, das Rathaus von 1450 und das Gildehaus. Der Reichsadler, der den romanischen Brunnen in der Mitte des Marktplatzes ziert, ist das Wahrzeichen von Goslar. Zu den schönsten Patrizierhäusern der Stadt gehört das Brusttuch. Sehenswert ist auch das Siemenshaus, das Stammhaus der Erfinder- und Industriellenfamilie. Ein Vorposten der Stadt im Harz ist der Kurort Hahnenklee am Fuße des Bocksberges mit der nordischen Stabkirche und einer Fülle bergbaulicher Relikte in der Umgebung.
Wandermöglichkeiten: Siehe Wanderungen 4 und 5.
Weitere Auskunft: Kur- und Fremdenverkehrsgesellschaft Goslar/Hahnenklee GmbH, Markt 7, 38640 Goslar, Telefon 053 21/28 46, Telefax 053 21/2 30 05.

Halberstadt

Die Bischofsstadt im nördlichen Harzvorland liegt 12 Kilometer nordöstlich von Blankenburg. Karl der Große gründete 804 das Bistum; schon 989 erhielt Halberstadt Markt-, Münz- und Zollrecht. Der ottonische Dom wurde 992 eingeweiht. Der Beitritt zur Hanse, 1387, brachte der Stadt wirtschaftlichen Aufschwung. Das Bistum wurde nach dem Dreißigjährigen Krieg aufgelöst; es entstand ein kurbrandenburgisches Fürstentum. Unter Napoleon wurde Halberstadt dem Königreich Westfalen zugeschlagen. Später wurden Halberstädter Fleisch- und Wurstwaren, aber auch Tabak weithin berühmt. Bomben zerstörten im Zweiten Weltkrieg viel von der alten Bausubstanz.
Sehenswert sind der Dom, die Liebfrauenkirche, die Domprobstei, das städtische Museum, die Pfarrkirche St. Martin, der Wasserturm, die Katharinenkirche, die Vogtei, die Synagoge, die Johan-

niskirche und die Kirche St. Andreas.
Wandermöglichkeiten: Interessant sind die Spiegelsberge, eine Sandsteinklippe der Oberkreide. Auf Anregung von Ernst Ludwig Christoph von Spiegel wurden sie als Landschaftspark mit Jagdschloß, Aussichtsturm, Grotten, Tiergarten, Kutschenverkehr und Waldexpreß gestaltet.
Weitere Auskunft: Fremdenverkehrsverband Landkreis Halberstadt e. V., Friedrich-Ebert-Straße 42, 38820 Halberstadt, Telefon 039 41/ 3 44 10, Telefax 039 41/ 3 43 33.

Harzgerode

Am Westrand des Mansfelder Berglandes liegt Harzgerode mit einem Bahnhof der Selketalbahn. Die Landschaft des Unterharzes besticht durch Gegensätze: Stille Wälder und versteckt gelegene Biotope wechseln mit schroffen Felsen und Hochebenen, steilen Abhängen und sanften Hügeln. Spuren des im 13. Jahrhundert begonnenen Bergbaues sind für jedermann sichtbar. Man findet verfallene Stollen, verwilderte Halden und Schachtöffnungen. Im Ortsteil Mägdesprung fallen gußeiserne Tierplastiken auf, in Silberhütte gibt es ein traditionsreiches Eisenwerk. Der Kurort Alexisbad besticht durch vornehme Eleganz. Vor über tausend Jahren gehörten die Ansiedlungen zu den Besitzungen des 975 gegründeten Klosters Hagenrode im Selketal. Im 13. Jahrhundert entwickelte sich Hagenrode zur Stadt. Reste der Stadtmauer und des einstigen Schlosses, das Teil der Stadtbefestigung war, sind noch zu sehen. In der Nähe des Marktes steht die St.-Marien-Kirche aus dem 12. Jahrhundert. Das Rathaus am Marktplatz ist ein Fachwerkbau wie das Rödersche Haus über dem Rathaus. In der alten Münze, die von 993 bis 1861 in Betrieb war, wurde der erste Taler des Fürstentums Anhalt geschlagen. Das nahe Alexisbad wurde zu Beginn des 19. Jahrhunderts berühmt. Hier ließ Herzog Alexius von Anhalt-Bernburg 1810 ein Heilbad errichten, um das eisenhaltige Quellwasser zu nutzen. Ein Erlebnis besonderer Art ist die Fahrt mit der Selketalbahn, die eine Spurweite von tausend Millimetern hat.
Wandermöglichkeiten: Siehe Wanderung 27.
Weitere Auskunft: Stadtverwaltung Harzgerode, Hauptverwaltung, Markt 1, 06493 Harzgerode, Telefon 03 94 84/ 23 01, Telefax 22 59.

Hasselfelde

Die zentrale Lage mitten im Harz, aber auch die Nähe zur großen Rappbodetalsperre machen diesen Ort im Mittelharz interessant, der auf einer weiten Hochfläche zwischen Fichten- und Buchenwäldern liegt. Vielleicht gab es hier einst einen königlichen Jagdhof. Seit dem Mittelalter wurde hier Silber, Kupfer und Eisen abgebaut; im 18. Jahrhundert ging der Bergbau merklich zurück. Mit dem Bahnanschluß im Jahre 1892 begann der Fremdenverkehr. Südlich von Hasselfelde wird heute noch Holzkohle gebrannt, allerdings in einer fabrikähnlichen Anlage.
Wandermöglichkeiten: Siehe Wanderung 20.
Weitere Auskunft: Kurverwaltung Hasselfelde, Lindenstraße 3a, 38899 Hasselfelde, Telefon 03 94 59/369.

Herzberg

Der Ort im Tal der Sieber liegt am Südwestende des Harzes am Rande des Naturparks. Wahrzeichen der Stadt ist das Schloß über dem Fluß. Heinrich der Löwe erwarb 1157 Burg und Stadt von Kaiser Barbarossa. Das heutige Schloß entstand aus der einstigen Burganlage des 16. Jahrhunderts und enthält ein Zinnfigurenmuseum und ein Forstmuseum. Oberhalb von Herzberg liegt der Luftkurort Lonau mit einer Natursole.
Wandermöglichkeiten: Durch das Siebertal ins Paradies und weiter zum 687 Meter hohen Großen Knollen mit dem Aussichtsturm; zur Hanskühnenburg, wo sich einst ein Ritter vor seinen Feinden verborgen hatte. Er sammelte Gesellen um sich, mit denen er Leute überfiel. Dabei wurde er immer verwegener, so daß man ihn Hans den Kühnen nannte. Einst begegnete er einer hübschen Jungfrau, die im Wald Erdbeeren für ihre kranke Mutter suchte, und schleppte sie mit auf die Burg. Die Jungfrau verfluchte den Jüngling, worauf die Burg in der Erde versank. Die Felsenklippen auf dem Ackermannshöhenzug sollen ihre Überreste sein.
Weitere Auskunft: Stadtverwaltung, Fremdenverkehrsabteilung, Marktplatz 30–33, 37412 Herzberg, Telefon 055 21/ 8 52 56.

Hohegeiß

Das Bergdorf Hohegeiß liegt über 600 Meter hoch im Oberharz, etwa 6 Kilometer südöstlich von Braunlage an der B 4. Die schneesichere Lage macht Hohegeiß zu einen bevorzugten Wintersportort mit Loipen, Skiliften, Rodelbahn und Skistadion. Zu den ältesten Brauchtumsfesten des Harzes gehört das Finkenmanöver, ein Buchfinkenwettsingen, das in Hohegeiß an Pfingsten gefeiert wird. In der Schule hat der Hohegeißer Museumsverein ein Heimatmuseum eingerichtet. Die alte Pfarre ist das älteste der noch erhaltenen Hohengeißer Häuser aus der Zeit um 1600. Die eindruckvollste Sehenswürdigkeit in der Umgebung ist das Schutzgebiet „Dicke Tannen", eine Ansammlung von Riesentannen (siehe S. 9).
Wandermöglichkeiten: Eine interessante Wanderung führt von Hohegeiß über die Vordere Ebersburg und den Wurzelsteig ins Kleine Wolfsbachtal und von dort über den Briefträgerweg zu den „Dicken Tannen". Über den Alten Damenweg und das Bärenbachtal gelangt man nach Hohegeiß zurück (insgesamt 10 Kilometer, bezeichnet).
Weitere Auskunft: Kurverwaltung Hohegeiß, Kirchstraße 15a, 38700 Hohegeiß, Telefon 055 83/ 241, Telefax 055 83/12 35.

Ilfeld

Im romantischen Teil der Behre, von Mischwald umrahmt, liegt wenige Kilometer nördlich von Nordhausen am Rande des Südharzes Ilfeld. Das nahe Brandesbachtal ist berühmt durch seine einzigartige Pflanzenwelt mit seltenen Farnen und der einzigen europäischen Brutstätte des Schwarzen Apollos, eines Schmetterlings. Nördlich von Ilfeld liegt der Rabensteiner Stollen, eine Schauanlage des Bergbaues. Das Steinkohlebergwerk hier war bis 1866 in Betrieb. Von der Ilburg sind nur noch Reste zu sehen. Das 1189 gegründete Kloster wurde 1525 von Bauern gestürmt.Die Gebäude blieben erhalten. Der letzte Abt richtete 1546 nach seinem Übertritt zum Protestantismus in den Räumen eine Schule ein, die Micheal Neander zu hohem Ansehen brachte.
Wandermöglichkeiten: Siehe Wanderung 17.
Weitere Auskunft: Gemeinde Ilfeld, Ilgerstraße 23, 99768 Ilfeld, Telefon 036 33/63 02 und 63 03.

Ilsenburg

Durch das Ilsetal stieg Heinrich Heine in Richtung Brocken. Jäh hebt sich hier das Harzgebirge aus dem Vorland und steigt in wenigen Kilometern Luftlinie von 300 auf über 1100 Meter zum höchsten Gipfel des Gebirges, dem Brocken. Die Geschichte des Ortes geht auf die Sachsenkriege zurück. Karl der Große teilte nach der Unterwerfung der Sachsen das Land neu ein. Unter Karls Nachfolger Ludwig dem Frommen begann die Besiedlung. Durch eine Schenkung des Bischofs von Halberstadt entstand in Ilsenburg ein Benediktinerkloster. Im 11. Jahrhundert erlangte die Eisengewinnung Bedeutung. Aus den Wirtschaftsgebäuden des Klosters entstand die Bothoburg, das Schloß Ilsenburg. Die Klosterkirche in der Nähe geht auf das 16. Jahrhundert zurück; die Marienkirche in Ilsenburg war ursprünglich ein romanischer Bau. Sehenswert sind auch das Hüttenmuseum der Stadt und das 1686 erbaute Haus des Malerehepaars Georg-Heinrich und Elise Crola, zu ihrer Zeit sehr bekannte Harzmaler.
Wandermöglichkeiten: Siehe Wanderung 15.
Weitere Auskunft: Kurverwaltung Ilsenburg, Vogelsang, 38871 Ilsenburg, Telefon 03 94 52/81 12.

Detail eines Duderstädter Fachwerkhauses.

Kelbra

Kelbra liegt im Zentrum der Goldenen Aue am Nordrand des Kyffhäusergebirges und am Südrand der Harzberge.
Um 1250 wurde die Siedlung erstmals in einer Urkunde erwähnt. Graf Friedrich III. von Beichlingen stiftete um 1251 hier ein Nonnenkloster. Die Burgruine und Reste der Stadtmauer gehören zur mittelalterlichen Befestigung. Das Rathaus, ein Fachwerkbau mit schönem Dachreiter, wurde 1777 nach einem Brand neu erbaut. Der doppelstöckige Keller stammt aus dem 14. Jahrhundert. Die untere Etage diente im Mittelalter als Verlies, die obere als Waffenschmiede. Um 1607 brannte die Stadt bis auf zwölf Häuser nieder. Dem Brand fielen auch ehemalige Klostergebäude und die Kirche zum Opfer. Die etwa tausend Jahre alte Linde vor der Kirche überstand den Brand und grünt jedes Jahr neu. Das älteste Wohnhaus der Stadt ist das 1615 bis 1616 wiederaufgebaute Pfarrhaus. Der Stockhauer Hof war im 12. Jahrhundert Rittersitz. Sehenswert sind auch die Reste des 1525 zerstörten Zisterzienserklosters und die Altendorfer Kirche St. Martini.
Wandermöglichkeiten: Siehe Wanderung 24.
Weitere Auskunft: Stadtverwaltung Kelbra, Langestraße 8, 06537 Kelbra, Telefon 03 46 51/62 06, Telefax 24 05.

Lautenthal

Der kleine Harzort liegt mitten im Dreieck Goslar – Seesen – Clausthal-Zellerfeld. Die einstmals freie Bergstadt wurde dank reicher Silberfunde in der Blütezeit des mittelalterlichen Bergbaues gegründet. Kaspar Bitter entdeckte 1523 am Kranichsberg einen reichen Erzgang. Das Bergbaumuseum zeigt historische Grubenanlagen; das Hüttenmuseum mit Silberschmelzöfen erinnert an die tausendjährige Ge-

schichte des Silberbergbaues. Wahrzeichen des Ortes ist ein noch tätiges Bergbaukunstrad. Mit der Museumsgrubenbahn kann man die faszinierende Welt unter Tage erleben. Der historische Grubenzug „Feuriger Elias" fährt zum Bahnhof des Lautenthalsglücker Hauptschachtes. Am Nordhang des Kranichberges gibt es einen Bergbaulehrpfad. Die auf einem Bergsporn über dem Markt gebaute Kirche stammt aus dem Jahre 1659. Zur Innerstetalsperre führt auf der Trasse einer stillgelegten Bahnstrecke ein Radwanderweg.
Wandermöglichkeiten: 100 Kilometer markierte Routen sind erschlossen. Es werden auch geführte Wanderungen veranstaltet.
Weitere Auskunft: Kurverwaltung Lautenthal, Harzstraße 8, 38685 Langelsheim, Telefon 053 25/44 44.

Neustadt

Die Stadt am Fuße der 1120 erbauten Burg Hohnstein liegt am Südrand des Unterharzes, wenige Kilometer von Nordhausen entfernt. Die St.-Georgs-Kirche stammt aus dem Jahr 1695; das ältere Pfarrhaus wurde 1679 erbaut; Post und Kurhaus sind Fachwerkbauten. Sehenswert in der Umgebung ist die Ruine der Burg Hohnstein. Wahrzeichen von Neustadt ist die 1730 aus Eichenholz geschnitzte, überlebensgroße Figur des Roland, ein Symbol des Marktrechtes und der Gerichtsbarkeit. Beliebt sind der Gondelteich unter dem Hohnstein und das hübsch gelegene Altbad.
Wandermöglichkeiten: Siehe Wanderungen 18 und 19.
Weitere Auskunft: Gemeindeverwaltung Neustadt, 99762 Neustadt-Südharz, Telefon 03 63 31/62 77.

Nordhausen

Am Südrand des Harzes und am Westrand der Goldenen Aue liegt diese große Kreisstadt. In der Nähe von Nordhausen befand sich das Konzentrationslager Dora, heute Mahn- und Gedenkstätte. Im Zentrum der Stadt steht das Meyenburgmuseum und das Rathaus mit dem Roland. Sehenswert sind die Stadtmauer mit dem Judenturm, verschiedene Kirchen, Fachwerkhäuser, der Bauernbrunnen und die nahegelegene Salzaquelle. Von Nordhausen geht die Harzquerbahn nach Wernigerode im Nordharz.
Wandermöglichkeiten: Eine Fülle von Wanderrouten sind von dieser Stadt aus markiert, etwa die Nordhauser Talsperre über den Großen Himmelsstieg, nach Petersdorf und Gibichenhagen. Das Landschaftsschutzgebiet Alter Stolberg nordöstlich von Nordhausen ist eine typische Karstlandschaft mit bemerkenswerter Vegetation, vom Birkenheidewald bis zu Buntlaubholzvorkommen, derentwegen der Alte Stolberg als botanisches Exkursionsgebiet viel besucht wird. Hier gibt es zahlreiche seltene Pflanzen, wie die Türkenbundlilie und Federgras, Seidelbast, Kuhschelle und Orchideenarten. In der Heimkehle am westlichen Rand des Thyratales, ist das Karstmuseum untergebracht.
Weitere Auskunft: Landratsamt Nordhausen, Dezernat Amt für Wirtschaftsförderung, Markt 15, 99734 Nordhausen, Telefon 036 31/570, Telefax 036 31/5 72 41.

Die „Ratswaage" in Osterode.

Osterode

Osterode liegt an der Söse, am Westrand des Harzes. Mittelpunkte der Stadt sind das Rathaus und die neue Marktkirche. Den Kornmarkt mit dem Rinneschen Haus von 1610 beherrscht die St.-Aegidien-Kirche mit ihrem gewaltigen Turm aus dem späten Mittelalter und der großartigen Holzdecke des 16. Jahrhunderts mit Tafelmalereien. Die Ratsapotheke stammt aus der Zeit um 1600. Beim Weitergehen in nordöstlicher Richtung stoßen wir auf das bereits 1388 erwähnte Rathaus. Der Fachwerkbau des Komandantenhauses stammt ebenfalls aus der Zeit um 1600. Mittelalterliche Enge prägt die Johannistorstraße. Jenseits des Flusses sieht man die Johannisvorstadt mit der St.-Johannis-Kirche, auf der Höhe des Friedhofes die Ruine der schon 1151 erwähnten Altenburg. Am hohen Flußufer beherrscht das Harzkornmagazin das Viertel. Beim Weiterweg kommen wir zum Martin-Luther-Platz in der Waagestraße und zur Radwaage, Osterodes ältestem Fachwerkhaus aus der Zeit um 1550, das auch als städti-

sches Fest- und Hochzeitshaus diente. Stadtwohnung einer adeligen Familie war der Behrsche Sattelhof. Sehenswert sind auch das Ritterhaus, der Schloßplatz, die St.-Jacobi-Straße, der Amtshof sowie das Amtsgericht, ein Rest des Schlosses der Herzöge von Braunschweig, das aus dem Material eines mittelalterlichen Klostergebäudes errichtet wurde. Von den zehn Türmen der Stadtmauer stehen nur noch vier, darunter der Sonnenturm und der Pulverturm. Die Umgebung bietet Gelegenheit zum Wassersport an der Sösetalsperre.
Wandermöglichkeiten: Siehe Wanderung 2.
Weitere Auskunft: Landkreis Osterode am Harz, Herzberger Straße 5, 37520 Osterode am Harz, Telefon 055 22/31 20, Telefax 055 22/31 23 33.

Quedlinburg

Die tausendjährige Stadt liegt am Ufer der Bode, am Nordrand des Harzes. Das geschlossene mittelalterliche Stadtbild prägen romanische Kirchen und mehr als 1000 Fachwerkhäuser aus sechs Jahrhunderten. Die einstige Hansestadt wird erstmals 922 erwähnt und hat 994 bereits Markt-, Münz- und Zollrecht. Quedlinburg besitzt zahlreiche Kirchen und Wachtürme. Die Silhouette der Stadt wird durch den im Süden überragenden Sandsteinfelsen mit der Stiftskirche beherrscht. Der Felsen war schon in vorgeschichtlicher Zeit befestigt; mit dem Sachsenherzog Heinrich, der deutscher König wurde, erfolgte dann ab 919 der Ausbau der Burganlage zur Königspfalz.
Wandermöglichkeiten: Interessante Wanderwege führen zur Teufelsmauer und ins Tal der Bode, ins Landschaftsschutzgebiet im Westen, zur Gedenkstätte Zwieberge und auf den aussichtsturmbewehrten Seweckenberg.
Weitere Auskunft: Stadt Quedlinburg, Markt 1, 06484 Quedlinburg, Telefon 039 46/40 11, Telefax 039 46/21 19.

Roßla

Am Fuße des Hohen Kopfes zwischen Harz und Kyffhäuser, am Südrand des Unterharzes und im Tal der Helme, liegt dieser Ort der Goldenen Aue. Hier hat man Spuren der bandkeramischen Kultur (um 4500 v. Chr.) und der Aunjetitzer Kultur aus der Zeit um 1600 v. Chr. gefunden. Schön ist das restaurierte Eingangstor der ehemaligen gräflichen Zuckerfabrik. Neben dem alten Backsteinbau der Post liegt die ehemalige Privatschule, die 1718 als Zeughaus und Waffenarsenal erbaut wurde. Vom Kirchplatz aus sieht man auf das Schloß, das im Kern auf eine mittelalterliche Wasserburg zurückgeht. Östlich von ihm steht ein Palais im neoklassizistischen Stil, Witwensitz der Mutter des regierenden Grafen und Fürsten zu Stolberg-Roßla.
Wandermöglichkeiten: Siehe Wanderungen 26.
Weitere Auskunft: Gemeindeverwaltung Roßla, Helmestraße 3, 06536 Roßla, Telefon 039 46/23 47.

Sangerhausen

Weithin berühmt ist das Rosarium der Stadt Sangerhausen am Südrand des Unterharzes, am Ostrand der Goldenen Aue. Das Gebiet um Sangerhausen gehört zur Altsiedellandschaft des Thüringer Beckens. Bereits im Neolithikum vor 6500 Jahren haben hier Menschen gelebt. Sangerhausen ist auch eine Bergstadt. Im nahen Bergbaumuseum, im Röhrigschacht Wettelrode, kann man die Geschichte des Bergbaus verfolgen. Der Marktplatz ist von Stilelementen der Spätgotik und der Renaissance geprägt. Neben alten, gut erhaltenen Patrizierhäusern glänzt das Rathaus aus dem 15. Jahrhundert. Schön ist die 1116 bis 1123 gebaute Friedrichskirche. Das Spenglermuseum informiert über die Geschichte der Stadt und über altgeschichtliche Tierfunde. Die 1375 genannte Walkmühle der Tuchmacherinnung im Norden der Stadt wurde zum Naherholungszentrum mit Waldbad ausgebaut.
Wandermöglichkeiten: Siehe Wanderung 30.
Weitere Auskunft: Sangerhäuser Fremdenverkehrsverein e. V., Göpenstraße 19, 06526 Sangerhausen, Telefon 03 46 46/25 75.

Schierke

Das Brockendorf Schierke liegt wenige Kilometer nördöstlich von Braunlage. Das Forstgebiet an der Kalten Bode gehörte einst zum bedeutendsten Königshof des Harzes, zum Bodfeld und war Teil des Reichsbannforstes. Nach dem Ende des Dreißigjährigen Krieges wurde in Schierke eine Eisenhütte eingerichtet. Der erste Schulmeister kam 1591 nach Schierke. Im Dorf war die wichtigste Person neben dem Faktor des Hüttenwerkes der Förster, denn Schierke war ein wichtiger Holzumschlagplatz. Die Gegend um den Brocken war immer ein Ort, an dem Menschen übernatürliche Kräfte und besondere Reichtümer vermuteten. Die meisten, die auf den höchsten Berg des Harzes steigen, wandern von Schierke aus. Von den ersten Brockenbegehungen war schon zum Ausgang des 17. Jahrhunderts die Rede. Im ausgehenden 19. Jahrhunderts wurde Schierke Kurort, später auch Wintersportplatz. Um 1920 gab es hier prächtige Hotels und ein Sanatorium. Die Brockenbahn fuhr am 4. 10. 1898 zum ersten Mal auf den Gipfel.
Wandermöglichkeiten: Siehe Wanderung 14.
Weitere Auskunft: Kurverwaltung Schierke, Brockenstraße 10, 38879 Schierke, Telefon 03 94 55/310, Telefax 03 94 55/403.

Seesen

In der tausendjährigen Harzstadt Seesen wird alljährlich am ersten Wochenende im September das Sehusafest gefeiert. Der Name findet sich erstmals in einer Urkunde Kaiser Ottos II. aus dem Jahre 974. Die Sehusaburg wurde 1297 von Herzog Heinrich dem Wunderlichen erbaut.

In Seesen lebte die fromme Jutta von Pedel unter Raubrittern, die in der Umgebung ihr Unwesen trieben. Nach einem Zechgelage der Raubritter erbebte plötzlich die Erde, die Sehusaburg versank unter Blitz und Donner. Jutta aber blieb der Schutzgeist der Kranken und Armen.
Wer mehr über die Geschichte der Stadt erfahren will, kann das Heimatmuseum besuchen, das im ehemaligen herzoglichen Jagdschloß untergebracht ist. In der Stadt sind viele historische Gebäude erhalten, wie die weithin einzigartige St.-Andreas-Kirche, der Vitusturm im alten Stadtkern und viele Fachwerkhäuser.
Wandermöglichkeiten: In den Harz, der hier Höhen über 600 Meter erreicht.
Weitere Auskunft: Stadt Seesen, Touristeninformation, Postfach 1451, 38723 Seesen, Telefon 053 81/7 52 43, Telefax 053 81/7 52 61.

Sieber

Sieber liegt im schluchtartigen Talboden des gleichnamigen Flüßchens, an einer landschaftlich reizvollen Nebenstraße, die Herzberg mit St. Andreasberg verbindet. Die Berge beiderseits des dreihundert Meter hoch gelegenen Ortes steigen auf über 700 Meter an, der Große Knollen sogar auf 811 Meter. Im Ort erwarten den Gast ein Kurpark mit Lese-, Liege- und Wandelhalle und ein 65 000 Quadratmeter großer Freizeitpark. Zwei Hauptwege erschließen die Anlage. Reich ist das Spiel- und Sportangebot. Die Freilichtbühne bietet 250 Besuchern Raum. Es gibt Kinderspielplätze und ein neues Schwimmbad. Der Winter lockt Skiwanderer mit Loipen am Käseberg und auf dem Acker; Rodler finden Abfahrten; auch Pisten sind nicht weit.
Wandermöglichkeiten: Siehe Wanderung 7.
Weitere Auskunft: Fremdenverkehrsverein Sieber im Harz e. V., An der Sieber 52, 37412 Herzberg, Telefon 055 85/322.

St. Andreasberg

Die Bergstadt im Oberharz ist von den größeren umliegenden Orten nur auf Umwegen zu erreichen. Im 13. Jahrhundert begann der Silberbergbau; im 15. Jahrhundert errichteten die Grafen von Hohnstein die Grube St. Andreaskreuz, die dem Ort das Stadtrecht einbrachte. 1535 wurden die ersten Münzen geprägt. Der Andreastaler aus Silber war weithin berühmt gewesen. 1937 gab es in der Umgebung 116 Gruben; Silberbergwerksmuseum an der Grube Samson; Heimatmuseum mit reicher Mineraliensammlung. Am durch eine Seilbahn erschlossenen Matthias-Schmitt-Berg gibt es eine 500 Meter lange Superrutschbahn.
Wandermöglichkeiten: Ins Siebertal, zur Jordanshöhe, zum Rehberger Grabenhaus, zu den Hohen Klippen, zum Oderteich, ins Odertal, zu den Schneewittchenklippen, auf den Sonnenberg, zur Wettertanne, zur Mönchskappe, zur Hanskühnenburg, zum Clausthaler Flutgraben, zur Steilen Wand, zum Mühlenkopf, auf den Matthias-Schmidt-Berg, zur Blauen Halde und zu den Engelsburger Teichen, auf den Großen Oderberg, auf den Breitenberg und zur Odertalsperre, zum Kleinen Oderberg und zum Silberteich und nach Braunlage. Eine Höhenwanderung rund um St. Andreasberg ist mit grünen Schildern gekennzeichnet.
Weitere Auskunft: Städtisches Kur-Verkehrsamt, Am Glockenberg 12, 37444 St. Andreasberg, Telefon 055 82/10 12.

Stiege

Der kleine Harzort liegt 4 Kilometer südöstlich von Hasselfelde auf einer großen gerodeten Hochfläche. Wahrzeichen der über tausend Jahre alten Gemeinde ist das schon 1203 erwähnte alte Schloß. Stiege war Hauptort der Harzkäsefabrikation; noch im vorigen Jahrhundert gab es sechzehn Käsereien. Weit verbreitet waren auch die Köhlerei und die Herstellung von Holzschaufeln und anderen Holzgeräten. Im Tal der Hassel laden zwei Teiche zum Wassersport ein. Die Fachwerkkirche wurde 1707 bis 1711 für den braunschweigischen Hof erbaut; neben ihr sind Grabmäler aus dem 18. und 19. Jahrhundert und ein freistehendes Glockenhaus aus dem 19. Jahrhundert zu sehen.
Wandermöglichkeiten: Hübsche Wanderungen führen zu den Ausläufern der Rappbodetalsperre und auf die Gipfel der Umgebung.
Weitere Auskunft: Kurverwaltung Fremdenverkehrsverein e. V., Langestraße 10, 38899 Stiege, Telefon 03 94 59/229.

Stolberg

Die Stadt liegt zwischen Nordhausen und Harzgerode im einstigen Helmgau, im Landschaftsschutzgebiet des Unterharzes. Schon vor dem 8. Jahrhundert wurde hier Eisenerz abgebaut, das an Ort und Stelle im sogenannten Rennfeuer verhüttet wurde. Mit dem Silberbergbau kam im 13. Jahrhundert die Entwicklung zur Stadt. Der Ortskern zeigt viele Fachwerkbauten des 15. bis 18. Jahrhunderts. Denkmäler am Marktplatz und am Bahnhof und ein Gedenkraum im Heimatmuseum erinnern an den 1489 hier geborenen Bauernführer Thomas Müntzer. Das Rathaus am Markt erhielt sein heutiges Aussehen 1482. Aus der Zeit um 1450 stammt das Museum Altes Bürgerhaus. Hoch über der Stadt thront das Schloß, an dessen Standort schon im 10. Jahrhundert eine Burg erbaut wurde. Am südlichen Rand des Marktplatzes steht gegenüber dem Rathaus der Saigerturm aus dem 13. Jahrhundert, einer der Schutztürme, die den einstigen Ortskern sicherten. Aus dem 12. Jahrhundert stammt das Rittertor. Unübersehbar zwischen Rathaus und Schloß steht die St.-Martini-Kirche, die ebenfalls auf das 12. Jahrhundert zurückgeht. Auf dem nahen Auerberg befindet sich ein weithin sichtbarer Aussichtsturm in Form eines vierarmigen Kreuzes.

Wandermöglichkeiten: Siehe Wanderung 23.
Weitere Auskunft: Fremdenverkehrsamt Markt 1, 06547 Stolberg/Harz, Telefon 03 46 54/454, Telefax 03 46 54/298.

Thale

Die Bode bildet bei Thale eine 250 Meter tiefe Schlucht, ehe sie aus dem Harz nach Norden austritt. Die Stadt liegt wenige Kilometer östlich von Blankenburg an der nördlichen Harzrandstraße. Um die Felsformationen beiderseits der Bode, südlich von Thale, um die Roßtrappe und um den Hexentanzplatz, ranken sich Sagen und Legenden. Beide waren einst Stätten germanischer Götterverehrung. Hier standen sogenannte Volksburgen, Stein- und Erdwälle, die auf der Roßtrappe eine Fläche von etwa 25 Hektar umschließen. Die Roßtrappe ist mit der Sesselbahn zu erreichen, der Hexentanzplatz auf der Straße und mit einer Kabinenbahn.
Wandermöglichkeiten: Siehe Wanderung 22.
Weitere Auskunft: Touristeninformation Thale, Postfach 17, 06502 Thale/Harz, Telefon 039 47/25 97.

Walkenried

Das 1127 gegründete Zisterzienserkloster, dessen Ruine den Ort im Südharz berühmt machte, wurde 1525 zerstört. Die Überreste sind beeindruckend. Im Talboden um Walkenried entstanden zahlreiche Teiche, die zum Teil wieder verlandet sind. Der

Blick auf das Schloß, das über der Stadt Stolberg thront.

Priorteich dient als Schwimmbad, andere bieten Möglichkeiten zum Angeln und Wassersport zu treiben. Der Kurpark von Walkenried liegt auf dem Geiersberg.
Wandermöglichkeiten: Siehe Wanderung 12.
Weitere Auskunft: Fremdenverkehrsgesellschaft im Südharz mbH, 37445 Walkenried, Steinweg 4, Telefon 055 25/357.

Wildemann

Kleintirol nennt sich dieses abgelegene Bergstädtchen im wilden Tal der Oberen Innerste, das sich zu einem weithin berühmten Kneippkurort entwickelt hat.
Der Neunzehnlachterstollen, eine historische Bergwerksanlage aus der Zeit um 1551, wurde 1971 für Besucher eingerichtet. Die Maria-Magdalenen-Berg-Kirche birgt interessante Schnitz- und Malerarbeiten. Am Spiegel- und Krumbach liegt malerisch der Kurpark. Auf der Georgenhöhe steht auf einer parkähnlichen Wiese am Wald ein Denkmal zu Ehren der hannoverschen Königsfamilie.
Wandermöglichkeiten: Siehe Wanderung 3.
Weitere Auskunft: Kurverwaltung Wildemann, Bohlweg 5, 38709 Wildemann, Telefon 053 23/61 11.

Wippra

Wippra liegt auf einer Hochfläche am östlichen Rand des Unterharzes. Sehenswert sind das Heimatmuseum im ältesten original erhaltenen Gebäude, die fünfhundertjährige Brauerei, die besichtigt werden kann, außerdem die Altenburg, das Schloß und die Kanzel, die einst die Geschicke des Ortes bestimmten. Wippra wurde im 11. Jahrhundert als Feudalsitz genannt. Östlich des Ortes dehnt sich das größte zusammenhängende Waldgebiet des Unterharzes aus. Im Selketal liegt die Burg Falkenstein.
Wandermöglichkeiten: Von Wippra aus führt eine lohnende Wanderung über Friesdorf zur Rammelburg, einer mächtigen Burg, die auf einem Bergsporn liegt und heute als Rehabilitationszentrum dient (insgesamt 14 Kilometer, 3½ Stunden).
Weitere Auskunft: Fremdenverkehrsamt, Völlekstraße 47, 06543 Wippra, Telefon 03 47 75/301.